M000190222

D'accord! | 1

Langue et culture du monde francophone

VISTA
HIGHER LEARNING

Boston, Massachusetts

ISBN: 978-1-60576-565-5

4 5 6 7 8 9 BB 15 14 13 12

Table of Contents

AUDIO ACTIVITIES

FEUILLES D'ACTIVITÉS

Unité 1

Leçon 1B

Synthèse

4 **Comment es-tu?** (student text, p. 28) Survey as many classmates as possible to ask if they would use the adjectives listed to describe themselves. If they answer **non** for a particular adjective, ask them to give an adjective that means the opposite. Then, decide which two students in the class are most similar and tell the class who they are.

> **Modèle**
>
> Élève 1: Tu es timide?
> Élève 2: Non. Je suis sociable.

Adjectifs	Noms
1. timide	
2. impatient(e)	
3. optimiste	
4. réservé(e)	
5. charmant(e)	
6. poli(e)	
7. agréable	
8. amusant(e)	

Unité 2

Contextes

7   **Sondage** (student text, p. 40) Go around the room to find people that study the subjects listed. Ask your classmates their opinions on these subjects that they are taking. Keep a record of their answers to discuss with the class.

> **Modèle**
>
> Élève 1: Jean, *est-ce que tu étudies* (*do you study*) la chimie?
> Élève 2: Oui. J'aime bien la chimie. C'est un cours utile.

Cours/activités	Noms	Opinions
1. la chimie		
2. les langues		
3. l'art		
4. l'histoire		
5. l'informatique		
6. la physique		
7. la géographie		
8. l'économie		
9. les mathématiques		
10. les lettres		

Unité 2

Contextes

6 **Bataille navale** (student text, p. 54) Choose four spaces on your chart and mark them with a battleship. Work with a partner and formulate questions by using the subjects in the first column and the verbs in the first row to find out where he or she has placed his or her battleships. Whoever "sinks" the most battleships wins.

> **Modèle**
>
> Élève 1: Est-ce que Luc et Sabine téléphonent à Jérôme?
> Élève 2: Oui, ils téléphonent à Jérôme. *(if you marked that square)*
> Non, ils ne téléphonent pas à Jérôme. *(if you didn't mark that square)*

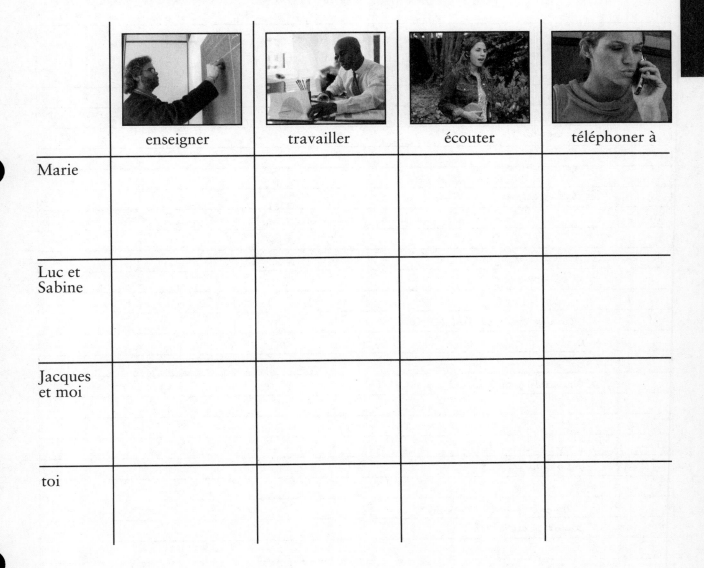

	enseigner	travailler	écouter	téléphoner à
Marie				
Luc et Sabine				
Jacques et moi				
toi				

Leçon 2B

Unité 2

Structures

4 **Besoins** (student text, p. 61) Walk around the class and ask your classmates if they need to do these activities. Find at least one person to answer Oui and at least one to answer Non for each item and note all names on the worksheet in the appropriate column. Be prepared to report your findings to the class.

Modèle

regarder la télé
Élève 1: Tu as besoin de regarder la télé?
Élève 2: Oui, j'ai besoin de regarder la télé.
Élève 3: Non, je n'ai pas besoin de regarder la télé.

Activités	Oui	Non
1. regarder la télé		
2. étudier ce soir		
3. passer un examen cette semaine		
4. retrouver des amis demain		
5. travailler à la bibliothèque		
6. commencer un devoir important		
7. téléphoner à un(e) copain/ copine ce week-end		
8. parler avec le professeur		

Unité 3

Contextes

7 **Qui suis-je?** (student text, p. 76) Walk around the class and ask your classmates questions about their families. When a classmate gives one of these answers, write his/her name on the corresponding space. Be prepared to discuss the results with the class.

> **Modèle**
> J'ai un chien.
> Élève 1: Est-ce que tu as un chien?
> Élève 2: Oui, j'ai un chien. *(You write the student's name.)*/
>   Non, je n'ai pas de chien. *(You ask another classmate.)*

Réponses	Noms
1. Je n'ai pas de frère.	
2. J'ai deux sœurs.	
3. Mes parents sont divorcés.	
4. Ma grand-mère est veuve.	
5. J'ai trois cousins et deux cousines.	
6. Je n'ai pas de sœur.	
7. J'ai un demi-frère.	
8. J'ai quatre tantes.	
9. Je n'ai pas de poisson.	
10. J'ai deux oiseaux.	

Unité 4

Structures

5 **Je bois, je prends** (student text, p. 133) Circulez dans la classe pour demander à vos camarades s'ils prennent rarement, une fois (once) par semaine ou tous les jours la boisson ou le plat (dish) indiqués. Écrivez (Write) les noms sur la feuille, puis présentez vos réponses à la classe.

> **Modèle**
>
> Élève 1: Est-ce que tu bois du café?
> Élève 2: Oui, je bois du café une fois par semaine. Et toi?

Boissons ou plats	rarement	une fois par semaine	tous les jours
1. café			
2. fromage			
3. thé			
4. soupe			
5. chocolat chaud			
6. jambon			
7. boissons gazeuses			
8. croissants			

Unité 5

Contextes

5   **Sondage**   (student text, p. 148) Circulez dans la classe et demandez à vos camarades de classe s'ils pratiquent ces activités, et si oui (*if so*), à quelle fréquence. Quelle est l'activité la plus pratiquée (*the most practiced*) de la classe?

Modèle

aller à la pêche
Élève 1: Est-ce que tu vas à la pêche?
Élève 2: Oui, je vais parfois à la pêche.

Activités	Noms	Fréquences
1. aller à la pêche		
2. jouer au tennis		
3. jouer au foot		
4. skier		
5. marcher		
6. jouer aux cartes		
7. jouer aux échecs		
8. aller au cinéma		
9. aller voir un spectacle		
10. chanter		

Leçon 5A

Unité 5

Structures

6 **Les activités** (student text, p. 155) Faites une enquête sur le nombre d'élèves qui pratiquent certaines activités dans votre classe. Présentez les résultats à la classe.

Modèle

Élève 1: Est-ce que tu fais du jogging?
Élève 2: Oui, je fais du jogging.

Sports	Noms
1. jogging	
2. vélo	
3. planche à voile	
4. cuisine	
5. camping	
6. cheval	
7. gym	
8. ski	

Unité 5

Structures

5 **Réponses affirmatives** (student text, p. 171) Trouvez au moins un(e) camarade de classe qui réponde oui à chaque question. Et si vous aussi, vous répondez oui aux questions, écrivez votre nom. Ensuite, présentez vos réponses à la classe.

Modèle

> Élève 1: Est-ce que tu achètes exclusivement sur Internet?
> Élève 2: Oui, j'achète exclusivement sur Internet.

○	Questions	Noms
	1. acheter exclusivement sur Internet	
	2. posséder un ordinateur	
	3. envoyer des lettres à ses grands-parents	
○	4. célébrer une occasion spéciale demain	
	5. nettoyer sa chambre tous les jours	
	6. essayer un nouveau passe-temps	
	7. espérer avoir A à l'examen	
○	8. emmener son petit frère/sa petite sœur au cinéma	

Feuilles d'activités

Unité 6

Synthèse

4 | **Enquête** (student text, p. 194) Qu'est-ce que vos camarades ont fait de différent dans leur vie? Parlez à vos camarades pour trouver une personne différente pour chaque expérience, puis écrivez son nom. Présentez les réponses à la classe.

> **Modèle**
>
> Élève 1: As-tu parlé à un acteur?
> Élève 2: Oui! Une fois, j'ai parlé à Bruce Willis!

	Expériences	Noms
○		
	1. parler à un(e) acteur/actrice	
	2. passer une nuit entière sans dormir	
	3. dépenser plus de 100$ pour de la musique en une fois	
○	4. faire la fête un lundi soir	
	5. courir cinq kilomètres ou plus	
	6. faire une surprise à un(e) ami(e) pour son anniversaire	
	7. être en retard pour un examen très important	
○	8. visiter le Québec	

Leçon 7A

Unité 7

Structures

5 **Enquête** (student text, p. 227) Circulez dans la classe et demandez à différents camarades s'ils ont fait ces choses récemment (*recently*). Écrivez le nom des personnes qui donnent une réponse affirmative. Quand vous avez interrogé tout le monde, présentez les résultats de votre enquête à la classe.

Modèle

Élève 1: Es-tu allé(e) au musée récemment?
Élève 2: Oui, je suis allé(e) au musée jeudi dernier.

	Questions	Noms
○	1. aller au musée	
	2. passer chez ses amis	
	3. sortir en boîte	
○	4. rester à la maison pour écouter de la musique	
	5. partir en week-end	
	6. monter dans un avion	
	7. aller au cinéma	
○	8. descendre dans un hôtel de luxe	

Unité 7

Synthèse

2 **Qui aime quoi?** (student text, p. 230) Circulez dans la classe pour trouver un(e) camarade différent(e) qui aime ou qui n'aime pas chaque (*each*) lieu de la liste.

> **Modèle**
>
> Élève 1: **Est-ce que tu aimes les aéroports?**
> Élève 2: *Je ne les aime pas du tout; je les déteste.*

○	Lieux	Aime	N'aime pas
	1. la plage		
	2. les aéroports		
	3. les voyages à l'étranger		
○	4. les vacances à la campagne		
	5. les vacances à la mer		
	6. les vacances à la montagne		
	7. les vacances en famille		
○	8. les week-ends en ville		

Leçon 7B

Unité 7

Structures

5 **Fréquences** (student text, p. 241) Circulez dans la classe et demandez à vos camarades à quelle fréquence ils/elles font ces choses. Trouvez une personne différente pour chaque réponse, puis présentez-les à la classe.

Modèle

> Élève 1: À quelle fréquence pars-tu en vacances?
> Élève 2: Je pars fréquemment en vacances.

○ Activités	fréquemment	quelquefois	rarement
1. prendre l'avion			
2. perdre ses lunettes			
3. faire du vélo			
○ 4. faire la cuisine			
5. dormir en cours			
6. aller à la campagne			
7. jouer au foot			
○ 8. aller à l'étranger			

Feuilles d'activités

Feuilles d'activités

Leçon 7B

Unité 7

Synthèse

3 **Sports et loisirs** (student text, p. 244) Circulez dans la classe et demandez à vos camarades s'ils pratiquaient ces activités avant d'entrer au lycée. Pour chaque activité, trouvez une personne différente qui dise (*says*) oui. Présentez les réponses à la classe.

Modèle

Élève 1: Est-ce que tu faisais souvent du jogging avant d'entrer au lycée?
Élève 2: Oui, je courais souvent le matin.

Activités	Noms
1. faire souvent du jogging	
2. bien jouer au basket	
3. skier de temps en temps	
4. aller quelquefois à la plage	
5. jouer parfois aux échecs	
6. faire constamment de la gym	
7. aller régulièrement au cinéma	
8. aller parfois à la pêche	

Unité 8

Contextes

4 **Qui fait quoi?** (student text, p. 270) Dites si vous faites les tâches suivantes en écrivant (*by writing*) **oui** ou **non** dans la première colonne. Ensuite, demandez à vos camarades de classe; écrivez leurs noms dans la deuxième colonne quand ils répondent **oui**. Présentez vos réponses à la classe.

> **Modèle**
>
> Élève 1: Est-ce que tu mets la table pour prendre le petit-déjeuner?
> Élève 2: Oui, je mets la table chaque matin./Non, je ne prends pas de petit-déjeuner, donc je ne mets pas la table.

	Activités	Moi	Mes camarades de classe
○	1. mettre la table pour prendre le petit-déjeuner		
	2. passer l'aspirateur tous les jours		
	3. salir ses vêtements quand on mange		
○	4. nettoyer les toilettes		
	5. balayer la cuisine		
	6. débarrasser la table après le dîner		
	7. souvent enlever la poussière sur son ordinateur		
○	8. laver les vitres (windows)		

Unité 8

Structures

4 | **Enquête** (student text, p. 279) Circulez dans la classe pour trouver au moins une personne différente qui donne une réponse affirmative à chaque question. Ensuite, présentez vos réponses à la classe.

Sujets	Noms
1. Sais-tu faire une mousse au chocolat?	
2. Connais-tu New York?	
3. Connais-tu le nom des sénateurs de cet État (State)?	
4. Connais-tu quelqu'un qui habite en Californie?	
5. Sais-tu faire de la planche à voile?	
6. Connais-tu le Québec?	
7. Sais-tu parler trois langues étrangères?	
8. Sais-tu faire du café avec une cafetière?	

Unité 8

Synthèse

2 **Mes connaissances** (student text, p. 280) Interviewez vos camarades. Pour chaque activité, trouvez un(e) camarade différent(e) qui réponde affirmativement. Ensuite, présentez vos réponses à la classe.

> **Modèle**
>
> Élève 1: Connais-tu une personne qui aime faire le ménage?
> Élève 2: Oui, autrefois mon père aimait bien faire le ménage.

○	Activités	Noms
	1. ne pas souvent faire la vaisselle	
	2. aimer faire le ménage	
	3. dormir avec une couverture en été	
○	4. faire son lit tous les jours	
	5. rarement repasser ses vêtements	
	6. ne pas avoir de cafetière	
	7. apprendre à faire la cuisine	
○	8. constamment ranger sa chambre	

Feuilles d'activités

INFO GAP ACTIVITIES

Unité 1
Synthèse
Élève 1

Leçon 1A

6 | **Mots mélangés** (student text, p. 14) You and a partner each have half of the words of a wordsearch (**des mots mélangés**). Pick a number and a letter and say them in French to your partner, who will tell you if he or she has a letter in the corresponding space. If so, write down the letter in that space and go again. If there is no letter in that space, your partner should answer **rien** (*nothing*) and take a turn. Continue until you both have all eight words. Do not look at each other's worksheet.

	1	2	3	4	5	6	7	8	9	10	11	12
A					B	U	R	E	A	U		
B		T			I							
C		É			B							
D		L			L							
E		É			I							
F		V			O							
G		I			T							
H		S			H							
I		I			È							
J		O			Q							
K		N			U							
L				P	E	T	I	T	A	M	I	

Now that you have the eight words, group them in these three categories. Be sure to provide the corresponding indefinite articles.

Personnes	Choses	Lieux (*Places*)
_____	_____	_____
_____	_____	_____
_____	_____	_____

Info Gap Activities

Unité 1
Synthèse
Élève 2

Leçon 1A

6 **Mots mélangés** (student text, p. 14) You and a partner each have half of the words of a wordsearch (**des mots mélangés**). Pick a number and a letter and say them in French to your partner, who will tell you if he or she has a letter in the corresponding space. If so, write down the letter in that space and go again. If there is no letter in that space, your partner should answer **rien** (*nothing*) and take a turn. Continue until you both have all eight words. Do not look at each other's worksheet.

	1	2	3	4	5	6	7	8	9	10	11	12
A									A			
B									M			
C									I			
D								E				
E								X			A	
F								A			C	
G		I	N	S	T	R	U	M	E	N	T	
H								E			E	
I								N			U	
J											R	
K												
L												

Now that you have the eight words, group them in these three categories. Be sure to provide the corresponding indefinite articles.

Personnes	**Choses**	**Lieux** (*Places*)
_____	_____	_____
_____	_____	_____
_____	_____	_____

Unité 1

Contextes

Élève 1

Leçon 1B

7 **Sept différences** (student text, p. 18) Your teacher will give you and a partner two different drawings of a classroom. Do not look at each other's worksheet. Find seven differences between your picture and your partner's by asking each other questions and describing what you see.

Modèle

> Élève 1: Il y a une fenêtre dans ma (*my*) salle de classe.
> Élève 2: Oh! Il n'y a pas de (*There is no*) fenêtre dans ma salle de classe.

Unité 1

Contextes

Élève 2

Leçon 1B

7 **Sept différences** (student text, p. 18) Your teacher will give you and a partner two different drawings of a classroom. Do not look at each other's worksheet. Find seven differences between your picture and your partner's by asking each other questions and describing what you see.

Modèle

Élève 1: Il y a une fenêtre dans ma (*my*) salle de classe.
Élève 2: Oh! Il n'y a pas de (*There is no*) fenêtre dans ma salle de classe.

Unité 1

Synthèse

Élève 1

Leçon 1B

6 **Les descriptions** (student text, p. 28) You and your partner each have a set of drawings of eight people. Each person in your group of eight has something in common with a person in your partner's group. Find out what each pair has in common without looking at each other's sheet. Continue until you have formed eight pairs.

> **Modèle**
>
> Élève 1: Jean est à la bibliothèque.
> Élève 2: Gina est à la bibliothèque.
> Élève 1: Jean et Gina sont à la bibliothèque.

1. Jean

2. Monica

3. Micha

4. Mme Charlier

5. M. Bertrand

6. André

7. le professeur

8. Yasmina

Now write out eight sentences in French that tell what each set of people has in common.

Jean et Gina sont à la bibliothèque.

_____

_____

_____

_____

_____

_____

_____

_____

Info Gap Activities

Unité 1

Synthèse
Élève 2

Leçon 1B

6 **Les descriptions** (student text, p. 28) You and your partner each have a set of drawings of eight people. Each person in your group of eight has something in common with a person in your partner's group. Find out what each pair has in common without looking at each other's sheet. Continue until you have formed eight pairs.

> **Modèle**
>
> Élève 1: Jean est à la bibliothèque.
> Élève 2: Gina est à la bibliothèque.
> Élève 1: Jean et Gina sont à la bibliothèque.

1. Gina

2. Patricia

3. Alex

4. Mme Bouchet

5. Betty

6. M. Assaoui

7. l'acteur

8. Marie

Now write out eight sentences in French that tell what each set of people has in common.

Jean et Gina sont à la bibliothèque.

_____

_____

_____

_____

_____

_____

_____

Unité 2

Synthèse
Élève 1

Leçon 2A

6 **Les portraits** (student text, p. 50) You and your partner each have a set of drawings showing the likes and dislikes of eight people. For each one, you have half of the information and your partner has the other half. Discuss each person's tastes, and for each one write two sentences: one for what he or she likes and one for what he or she dislikes. Do no look at each other's worksheet.

> **Modèle**
> Élève 1: Sarah n'aime pas travailler.
> Élève 2: Mais elle adore manger.

1. Sarah   2. Sébastien   3. Alain   4. Paul

5. Simon   6. Catherine   7. Isabelle   8. Jeanne

_____

_____

_____

_____

_____

_____

_____

_____

_____

_____

_____

_____

Info Gap Activities

Unité 2

Synthèse
Élève 2

Leçon 2A

6 **Les portraits** (student text, p. 50) You and your partner each have a set of drawings showing the likes and dislikes of eight people. For each one, you have half of the information and your partner has the other half. Discuss each person's tastes, and for each one write two sentences: one for what he or she likes and one for what he or she dislikes.

Modèle

Élève 1: Sarah n'aime pas travailler.
Élève 2: Mais elle adore manger.

1. Sarah

2. Sébastien

3. Alain

4. Paul

5. Simon

6. Catherine

7. Isabelle

8. Jeanne

_____

_____

_____

_____

_____

_____

_____

_____

_____

_____

_____

_____

Unité 2

Synthèse

Élève 1

Leçon 2B

6 **La semaine de Patrick** (student text, p. 64) Your and your partner each have an incomplete page from Patrick's day planner. Your partner has the information that you are missing, and vice versa. Take turns describing what activities Patrick does at different times this week. When you have completed filling out his week, imagine what Patrick would like to do during his weekend and note it in his planner. Do not look at each other's worksheet while you complete your own.

Modèle

Élève 1: Lundi matin, Patrick a cours de géographie à dix heures et demie.
Élève 2: Lundi, il a cours de sciences po à deux heures de l'après-midi.

	lundi	mardi	mercredi	jeudi	vendredi	samedi/ dimanche
matin	cours de géographie, 10h30				étudier à la bibliothèque	
midi	resto U	resto U		resto U		
après-midi			étudier à la bibliothèque			
soir		préparer l'examen de géographie	écouter la radio	téléphoner à Cécile	retrouver des copains	

Now, write out what Patrick is doing at each time of each day of the week.

_____

_____

_____

_____

_____

_____

_____

_____

_____

_____

_____

Info Gap Activities

Unité 2

Leçon 2B

Synthèse
Élève 2

6 **La semaine de Patrick** (student text, p. 64) Your and your partner each have an incomplete page from Patrick's day planner. Your partner has the information that you are missing, and vice versa. Take turns describing what activities Patrick does at different times this week. When you have completed filling out his week, imagine what Patrick would like to do during his weekend and note it in his planner. Do not look at each other's worksheet while you complete your own.

> **Modèle**
>
> Élève 1: Lundi matin, Patrick a cours de géographie à dix heures et demie.
> Élève 2: Lundi, il a cours de sciences po à deux heures de l'après-midi.

	lundi	mardi	mercredi	jeudi	vendredi	samedi/ dimanche
matin		cours d'espagnol, 9h00	examen de géographie, 11h00	cours d'espagnol, 9h00		
midi			resto U		café avec Cécile	
après-midi	cours de sciences po, 2h00	regarder la télé		cours de droit international, 3h15	visiter Paris	
soir	dîner chez Sylvain et Marie					

Now, write out what Patrick is doing at each time of each day of the week.

_____

_____

_____

_____

_____

_____

_____

_____

_____

_____

_____

Info Gap Activities

Unité 3

Leçon 3A

Synthèse

Élève 1

6 **Les différences** (student text, p. 86) You and your partner each have a similar drawing of a family. Identify and name the six differences between your picture and your partner's by talking to one another. Do not look at each other's worksheet.

> **Modèle**
>
> Élève 1: La mère est blonde.
> Élève 2: Non, la mère est brune.

Info Gap Activities

Unité 3

Synthèse

Élève 2

Leçon 3A

6   **Les différences**   (student text, p. 86) You and your partner each have a similar drawing of a family. Identify and name the six differences between your picture and your partner's by talking to one another. Do not look at each other's worksheet.

> **Modèle**
>
> Élève 1: La mère est blonde.
> Élève 2: Non, la mère est brune.

Info Gap Activities

Unité 3
Synthèse
Élève 1

Leçon 3B

6 **Trouvez** (student text, p. 100) You and your partner each have a drawing of a family picnic. Ask each other questions to find out where all of the family members are located.

> **Modèle**
>
> Élève 1: *Qui est à côté du père?*
> Élève 2: *Le neveu est à côté du père.*

le chien	les frères	le grand-père	le neveu	le père
la cousine	la grand-mère	la mère	l'oncle	le petit-fils

le petit-fils

la grand-mère les frères

le père

la mère

Info Gap Activities

Unité 3

Synthèse

Élève 2

Leçon 3B

6   **Trouvez** (student text, p. 100) You and your partner each have a drawing of a family picnic. Ask each other questions to find out where all of the family members are located.

> **Modèle**
>
> Élève 1: Qui est à côté du père?
> Élève 2: Le neveu est à côté du père.

le chien	les frères	le grand-père	le neveu	le père
la cousine	la grand-mère	la mère	l'oncle	le petit-fils

le grand-père

le chien

le neveu

la cousine

l'oncle

Info Gap Activities

Unité 4   **Leçon 4A**
Contextes
Élève 1

5   **La journée d'Anne** (student text, p. 112) Vous et votre partenaire avez deux feuilles d'activités différentes, partiellement illustrées. À tour de rôle, posez-vous des questions pour compléter vos feuilles respectives avec toutes les activités d'Anne. Utilisez le vocabulaire de la leçon. Attention! Ne regardez pas la feuille de votre partenaire.

> **Modèle**
>
> Élève 1: À 7h30, Anne quitte la maison. Qu'est-ce qu'elle fait ensuite (*do next*)?
> Élève 2: À 8h00, elle…

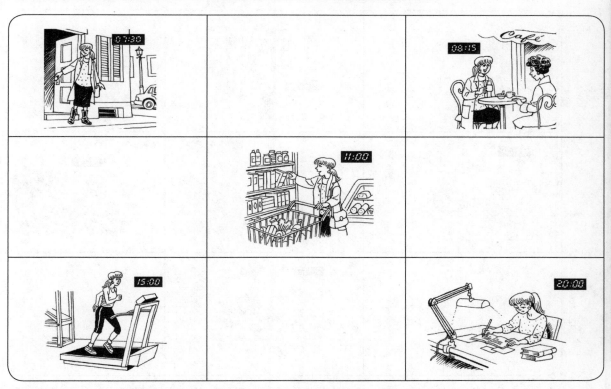

Maintenant, écrivez des phrases pour expliquer ce que fait Anne aujourd'hui.

_____

_____

_____

_____

_____

_____

_____

_____

_____

Info Gap Activities

Unité 4

Contextes

Élève 2

Leçon 4A

5 **La journée d'Anne** (student text, p. 112) Vous et votre partenaire avez deux feuilles d'activités différentes, partiellement illustrées. À tour de rôle, posez-vous des questions pour compléter vos feuilles respectives avec toutes les activités d'Anne. Utilisez le vocabulaire de la leçon. Attention! Ne regardez pas la feuille de votre partenaire.

Modèle

Élève 1: À 7h30, Anne quitte la maison. Qu'est-ce qu'elle fait ensuite (*do next*)?
Élève 2: À 8h00, elle…

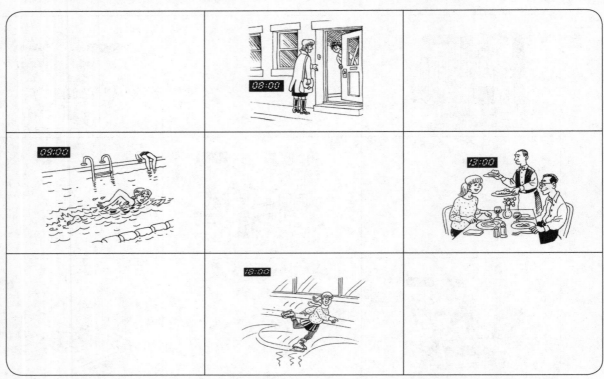

Maintenant, écrivez des phrases pour expliquer ce que fait Anne aujourd'hui.

_____

_____

_____

_____

_____

_____

_____

_____

Info Gap Activities

Unité 4
Structures
Élève 1

Leçon 4A

5 **À Deauville** (student text, p. 119) Vous et votre partenaire avez deux plans (*maps*) différents de Deauville. Vous avez la moitié (*half*) des renseignements (*information*) et votre partenaire a l'autre moitié. Posez-vous des questions pour découvrir où va chaque membre de la famille de votre liste. Attention! Ne regardez pas la feuille de votre partenaire.

> **Modèle**
>
> Élève 1: *Où va Simon?*
> Élève 2: *Il va au kiosque.*

les cousins	oncle Thierry
Maman et Estelle	Philippe
moi (élève 1), Chantal et Michel, maintenant	Simon
	toi (élève 2), à 13h00

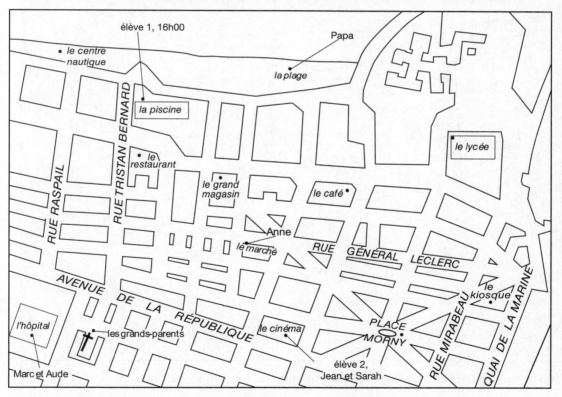

Maintenant, écrivez douze phrases pour expliquer où va chaque personne.

_____

_____

_____

_____

_____

_____

Unité 4
Structures
Élève 2

Leçon 4A

5 **À Deauville** (student text, p. 119) Vous et votre partenaire avez deux plans (*maps*) différents de Deauville. Vous avez la moitié (*half*) des renseignements (*information*) et votre partenaire a l'autre moitié. Posez-vous des questions pour découvrir où va chaque membre de la famille de votre liste. Attention! Ne regardez pas la feuille de votre partenaire.

> **Modèle**
>
> Élève 1: *Où va Simon?*
> Élève 2: *Il va au kiosque.*

Anne	Marc et Aude	Papa
les grands-parents	moi (élève 2), Jean et Sarah, maintenant	toi (élève 1), à 16h00

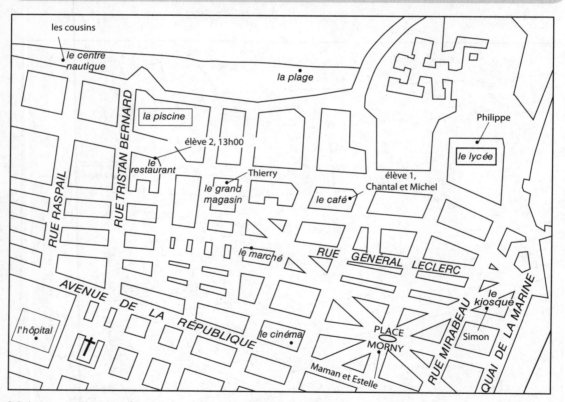

Maintenant, écrivez douze phrases pour expliquer où va chaque personne.

_____
_____
_____
_____
_____
_____

Info Gap Activities

Unité 4

Synthèse
Élève 1

Leçon 4A

6 **La semaine de Martine** (student text, p. 122) Vous et votre partenaire avez des informations sur la semaine de Martine. Vous avez la moitié des informations pour chaque activité et votre partenaire a l'autre moitié. Discutez de ces informations pour trouver ce que (*what*) Martine fait pendant la semaine et écrivez huit phrases. Attention! Ne regardez pas la feuille de votre partenaire.

> **Modèle**
>
> Élève 1: Pour lundi matin, j'ai *parc.*
> Élève 2: Moi, j'ai *dessiner.*
> Élèves 1 et 2: Lundi matin, Martine va *dessiner* au parc.

Coup de main

In Unit 5, you will learn about the verb **faire** (*to do*). In the meantime, an option for this activity is to use the infinitive, **faire**, with **aller** to ask what Martine will be doing at a particular time or place.

Élève 1: Pour lundi matin, j'ai *parc.* Qu'est-ce qu'elle va faire lundi matin au parc?

Élève 2: Elle va *dessiner* au parc.

Élèves 1 et 2: Lundi matin, Martine va *dessiner* au parc.

	lundi	mardi	mercredi	jeudi	vendredi
matin	parc				visiter, explorer
midi	resto U	centre-ville		Tony, Angèle et Maryse	
après-midi		regarder la télévision		déjeuner chez mes parents	
soir			boîte de nuit		

Maintenant, écrivez huit phrases sur les activités de Martine.

Lundi matin, Martine va dessiner au parc. Lundi à midi... _____

_____

_____

_____

_____

_____

_____

_____

_____

Unité 4

Synthèse

Élève 2

Leçon 4A

6 **La semaine de Martine** (student text, p. 122) Vous et votre partenaire avez des informations sur la semaine de Martine. Vous avez la moitié des informations pour chaque activité et votre partenaire a l'autre moitié. Discutez de ces informations pour trouver ce que (*what*) Martine fait pendant la semaine et écrivez huit phrases. Attention! Ne regardez pas la feuille de votre partenaire.

> **Modèle**
>
> Élève 1: Pour lundi matin, j'ai *parc.*
> Élève 2: Moi, j'ai *dessiner.*
> Élèves 1 et 2: Lundi matin, Martine va dessiner au parc.

Coup de main

In Unit 5, you will learn about the verb **faire** (*to do*). In the meantime, an option for this activity is to use the infinitive, **faire**, with **aller** to ask what Martine will be doing at a particular time or place.

Élève 1: Pour lundi matin, j'ai *parc. Qu'est-ce qu'elle va faire lundi matin au parc?*

Élève 2: Elle va dessiner au parc.

Élèves 1 et 2: Lundi matin, Martine va dessiner au parc.

	lundi	mardi	mercredi	jeudi	vendredi
matin	dessiner				musée des sciences et son parc, ma famille
midi	Maryse	cinéma		terrasse du Grand Café	
après-midi		chez Djamila		ma sœur, mon frère et sa femme	
soir			danser		

Maintenant, écrivez huit phrases sur les activités de Martine.

Lundi matin, Martine va dessiner au parc. Lundi à midi... _____

_____

_____

_____

_____

_____

_____

_____

Info Gap Activities

Unité 4   Leçon 4B

Contextes

Élève 1

7   **Sept différences** (student text, p. 126) Votre professeur va vous donner, à vous et à votre partenaire, deux feuilles d'activités différentes. À tour de rôle, posez-vous des questions pour trouver les sept différences. Attention! Ne regardez pas la feuille de votre partenaire.

> **Modèle**
>
> Élève 1: J'ai deux tasses de café.
> Élève 2: Oh, j'ai une tasse de thé!

Info Gap Activities

Unité 4

Contextes

Élève 2

Leçon 4B

7 **Sept différences** (student text, p. 126) Votre professeur va vous donner, à vous et à votre partenaire, deux feuilles d'activités différentes. À tour de rôle, posez-vous des questions pour trouver les sept différences. Attention! Ne regardez pas la feuille de votre partenaire.

> **Modèle**
>
> Élève 1: J'ai deux tasses de café.
> Élève 2: Oh, j'ai une tasse de thé!

Info Gap Activities

Unité 4

Synthèse
Élève 1

Leçon 4B

6 **La famille Arnal au café** (student text, p. 136) Vous et votre partenaire avez des photos de la famille Arnal. Ils sont au café et chaque (*each*) membre de la famille prend quelque chose à manger et une boisson. Votre partenaire a la moitié (*half*) des informations et vous avez l'autre moitié. Posez des questions à votre partenaire et ensuite, écrivez (*then, write*) quatre phrases pour expliquer qui prend quoi. L'élève avec seulement (*only*) une boisson ou quelque chose à manger dans son illustration commence. Attention! Ne regardez pas la feuille de votre partenaire.

> **Modèle**
> Élève 1: Qui prend un sandwich?
> Élève 2: La grand-mère prend un sandwich.

 1.    2.    3.   4.

 5. le père    6.    7. le père    8. le fils

Maintenant, écrivez quatre phrases pour expliquer qui prend quoi.

La grand-mère prend un sandwich et... _____

_____
_____
_____
_____
_____
_____
_____

Unité 4

Synthèse
Élève 2

Leçon 4B

6 **La famille Arnal au café** (student text, p. 136) Vous et votre partenaire avez des photos de la famille Arnal. Ils sont au café et chaque (*each*) membre de la famille prend quelque chose à manger et une boisson. Votre partenaire a la moitié (*half*) des informations et vous avez l'autre moitié. Posez des questions à votre partenaire et ensuite, écrivez (*then, write*) quatre phrases pour expliquer qui prend quoi. L'élève avec seulement (*only*) une boisson ou quelque chose à manger dans son illustration commence. Attention! Ne regardez pas la feuille de votre partenaire.

> **Modèle**
>
> Élève 1: Qui prend un sandwich?
> Élève 2: La grand-mère prend un sandwich.

1. la grand-mère   2. la mère   3. le fils   4. la grand-mère

5.   6. la mère   7.   8.

Maintenant, écrivez quatre phrases pour expliquer qui prend quoi.

La grand-mère prend un sandwich et... _____

_____

_____

_____

_____

_____

_____

_____

_____

_____

Unité 5
Synthèse
Élève 1

Leçon 5A

6 **Quelles activités?** (student text, p. 158) Vous et votre partenaire avez deux feuilles d'activités différentes pour le week-end. Choisissez une activité par période de votre week-end et écrivez votre nom sur la ligne correspondante. À tour de rôle, interviewez votre partenaire; posez des questions à propos de ce qu' (*what*) il ou elle va faire ce week-end et répondez à ses questions. Si (*If*) votre partenaire répond *oui*, écrivez son nom sur la ligne correspondante. Si il ou elle répond *non*, c'est à lui ou à elle de poser la prochaine question. Ensuite, comparez vos week-ends.

> **Modèle**
>
> Élève 1: Est-ce que tu fais une randonnée dimanche après-midi?
> Élève 2: Oui, je fais une randonnée dimanche après-midi.

vendredi soir				
samedi matin				
samedi après-midi				
dimanche matin				
dimanche après-midi				

Maintenant, répondez à ces questions:

1. Qu'est-ce que votre partenaire va faire ce week-end?

_____

2. Allez-vous pratiquer les mêmes activités? Si oui, lesquelles?

_____

Info Gap Activities

Unité 5

Synthèse
Élève 2

Leçon 5A

6 **Quelles activités?** (student text, p. 158) Vous et votre partenaire avez deux feuilles d'activités différentes pour le week-end. Choisissez une activité par période de votre week-end et écrivez votre nom sur la ligne correspondante. À tour de rôle, interviewez votre partenaire; posez des questions à propos de ce qu' (*what*) il ou elle va faire ce week-end et répondez à ses questions. Si (*If*) votre partenaire répond *oui*, écrivez son nom sur la ligne correspondante. Si il ou elle répond *non*, c'est à lui ou à elle de poser la prochaine question. Ensuite, comparez vos week-ends.

Modèle

> Élève 1: Est-ce que tu fais une randonnée dimanche après-midi?
> Élève 2: Oui, je fais une randonnée dimanche après-midi.

vendredi soir				
samedi matin				
samedi après-midi				
dimanche matin				
dimanche après-midi				

Maintenant, répondez à ces questions:

1. Qu'est-ce que votre partenaire va faire ce week-end?

   _____

2. Allez-vous pratiquer les mêmes activités? Si oui, lesquelles?

   _____

Info Gap Activities

Unité 5

Contextes

Élève 1

Leçon 5B

6 **Quel temps fait-il en France?** (student text, p. 162) Vous et votre partenaire avez deux feuilles d'activités différentes: vous avez la moitié des informations et votre partenaire a l'autre moitié. Travaillez ensemble pour compléter les informations sur chaque carte. Vous commencez. Attention! Ne regardez pas la feuille de votre partenaire.

> **Modèle**
>
> Élève 1: *Quel temps fait-il à Paris?*
> Élève 2: *À Paris, le temps est nuageux et la température est de dix degrés.*

_____

_____

_____

_____

Info Gap Activities

Unité 5 Info Gap Activities **45**

Unité 5

Contextes

Élève 2

Leçon 5B

6 **Quel temps fait-il en France?** (student text, p. 162) Vous et votre partenaire avez deux feuilles d'activités différentes: vous avez la moitié des informations et votre partenaire a l'autre moitié. Travaillez ensemble pour compléter les informations sur chaque carte. Votre partenaire commence. Attention! Ne regardez pas la feuille de votre partenaire.

> **Modèle**
>
> Élève 1: Quel temps fait-il à Paris?
> Élève 2: À Paris, le temps est nuageux et la température est de dix degrés.

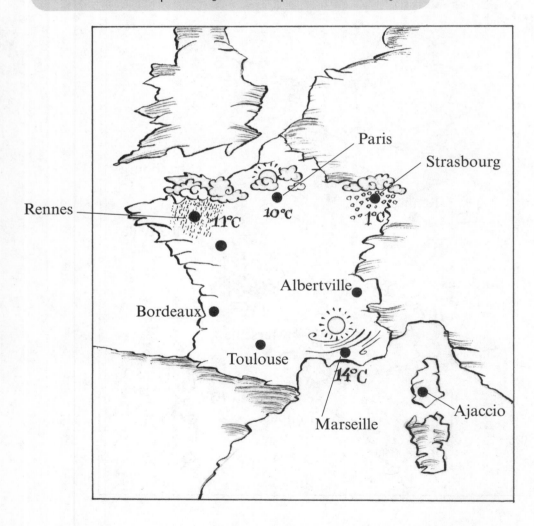

_____

_____

_____

_____

_____

Unité 5
Synthèse
Élève 1

Leçon 5B

6   **À la bibliothèque** (student text, p. 172) Vous et votre partenaire cherchez des livres pour vos cours à la bibliothèque et vous avez une liste de livres et de numéros de référence. Vous avez la moitié des renseignements et votre partenaire a l'autre moitié. À tour de rôle, demandez un livre à votre partenaire. Vous commencez. Attention! Ne regardez pas la liste de votre partenaire.

> **Modèle**
>
> Élève 1: Est-ce que tu as le livre «Candide»?
> Élève 2: Oui, son numéro de référence est P, Q, deux cent soixante-six, cent quarante-sept, cent dix.

Titres	Nº de référence
Candide	
Le Petit Nicolas	PQ915.732.323
Les Misérables	
Le colonel Chabert	
L'étranger	PQ470.360.524
Du côté de chez Swann	PQ680.704.753
La conjugaison pour tous	
Madame Bovary	PQ253.104.863
2000 recettes de la cuisine française	
Germinal	PQ218.740.809

Maintenant, écrivez le numéro de référence de chaque livre.

_____

_____

_____

_____

_____

_____

_____

_____

Info Gap Activities

Unité 5   # Leçon 5B

Synthèse
Élève 2

6   **À la bibliothèque** (student text, p. 172) Vous et votre partenaire cherchez des livres pour vos cours à la bibliothèque et vous avez une liste de livres et de numéros de référence. Vous avez la moitié des renseignements et votre partenaire a l'autre moitié. À tour de rôle, demandez un livre à votre partenaire. Votre partenaire commence. Attention! Ne regardez pas la liste de votre partenaire.

> **Modèle**
>
> Élève 1: Est-ce que tu as le livre «Candide»?
> Élève 2: Oui, son numéro de référence est P, Q, deux cent soixante-six, cent quarante-sept, cent dix.

Titres	N° de référence
Candide	PQ266.147.110
Le Petit Nicolas	
Les Misérables	PQ391.801.518
Le colonel Chabert	PQ266.147.145
L'étranger	
Du côté de chez Swann	
La conjugaison pour tous	PC218.717.166
Madame Bovary	
2000 recettes de la cuisine française	PC737.326.828
Germinal	

Maintenant, écrivez le numéro de référence de chaque livre.

_____

_____

_____

_____

_____

_____

_____

Unité 6   Leçon 6A

Contextes

Élève 1

5   **Sept différences** (student text, p. 184) Vous et votre partenaire avez deux feuilles d'activités différentes: deux illustrations de l'anniversaire des jumeaux (*twin boys*) Boniface. Ces illustrations sont identiques à l'exception de sept différences. À tour de rôle, posez-vous des questions pour trouver ces sept différences. Attention! Ne regardez pas la feuille de votre partenaire.

> **Modèle**
>
> Élève 1: Sur mon image, il y a trois cadeaux. Combien de cadeaux y a-t-il sur ton image?
> Élève 2: Sur mon image, il y a quatre cadeaux.

Info Gap Activities

Unité 6   **Leçon 6A**

Contextes
Élève 2

5 **Sept différences** (student text, p. 184) Vous et votre partenaire avez deux feuilles d'activités différentes: deux illustrations de l'anniversaire des jumeaux (*twin boys*) Boniface. Ces illustrations sont identiques à l'exception de sept différences. À tour de rôle, posez-vous des questions pour trouver ces sept différences. Attention! Ne regardez pas la feuille de votre partenaire.

Modèle

> Élève 1: Sur mon image, il y a trois cadeaux. Combien de cadeaux y a-t-il sur ton image?
> Élève 2: Sur mon image, il y a quatre cadeaux.

Info Gap Activities

Unité 6
Synthèse
Élève 1

Leçon 6A

6   **Magali fait la fête** (student text, p. 194) Vous et votre partenaire avez deux feuilles d'activités différentes sur la fête que Magali a organisée avec ses amis. Qu'est-ce qu'ils ont fait à cette fête? À tour de rôle, décrivez chaque illustration et faites un commentaire personnel sur la situation. Utilisez des adjectifs démonstratifs dans tous les commentaires. Ensuite, écrivez un paragraphe pour décrire la soirée entière. Attention! Ne regardez pas la feuille de votre partenaire.

Modèle

> Élève 1: Magali a parlé avec un homme. Cet homme n'a pas l'air intéressant du tout!
> Élève 2: Après, …

Coup de main

When describing events in the past, you will find it useful to use sequencing expressions. Here are some that may help:

après *after*	**enfin** *finally*
ensuite *then*	**plus tard** *later*
puis *then*	**tout à coup** *suddenly*
finalement *finally*	**tout de suite** *right away*

Info Gap Activities

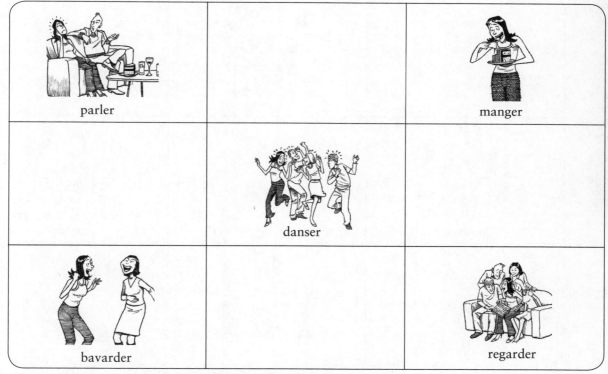

parler   manger

danser

bavarder   regarder

Maintenant, écrivez un paragraphe pour décrire la soirée entière.

_____

_____

_____

_____

Unité 6
Synthèse
Élève 2

Leçon 6A

6 **Magali fait la fête** (student text, p. 194) Vous et votre partenaire avez deux feuilles d'activités différentes sur la fête que Magali a organisée avec ses amis. Qu'est-ce qu'ils ont fait à cette fête? À tour de rôle, décrivez chaque illustration et faites un commentaire personnel sur la situation. Utilisez des adjectifs démonstratifs dans tous les commentaires. Ensuite, écrivez un paragraphe pour décrire la soirée entière. Attention! Ne regardez pas la feuille de votre partenaire.

Modèle

Élève 1: Magali a parlé avec un homme. Cet homme n'a pas l'air intéressant du tout!
Élève 2: Après, …

Coup de main

When describing events in the past, you will find it useful to use sequencing expressions. Here are some that may help:

après *after*	**enfin** *finally*
ensuite *then*	**plus tard** *later*
puis *then*	**tout à coup** *suddenly*
finalement *finally*	**tout de suite** *right away*

chanter

donner

parler

écouter

Maintenant, écrivez un paragraphe pour décrire la soirée entière.

_____

_____

_____

_____

Info Gap Activities

Unité 6   Leçon 6B
Structures
Élève 1

5 **La journée des vendeuses** (student text, p. 207) Vous et votre partenaire avez une série d'illustrations différentes qui montrent la journée d'Aude et d'Aurélie, deux sœurs vendeuses dans un grand magasin. Vous avez la moitié des informations et votre partenaire a l'autre moitié. Discutez de leur journée et employez les verbes au passé composé pour reconstruire les événements. Attention! Ne regardez pas la feuille de votre partenaire.

> **Modèle**
>
> Élève 1: *Le matin, elles ont conduit pour aller au magasin.*
> Élève 2: *Après, …*

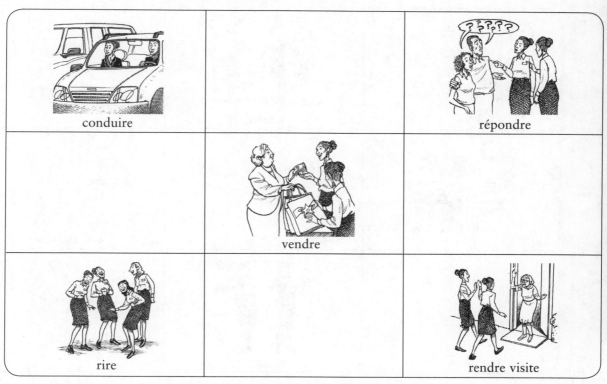

conduire · répondre · vendre · rire · rendre visite

Maintenant, écrivez un paragraphe pour résumer la journée d'Aude et d'Aurélie.

_____

_____

_____

_____

_____

_____

_____

_____

Info Gap Activities

Unité 6

Structures
Élève 2

Leçon 6B

5 **La journée des vendeuses** (student text, p. 207) Vous et votre partenaire avez une série d'illustrations différentes qui montrent la journée d'Aude et d'Aurélie, deux sœurs vendeuses dans un grand magasin. Vous avez la moitié des informations et votre partenaire a l'autre moitié. Discutez de leur journée et employez les verbes au passé composé pour reconstruire les événements. Attention! Ne regardez pas la feuille de votre partenaire.

> **Modèle**
>
> Élève 1: Le matin, elles ont conduit pour aller au magasin.
> Élève 2: Après, …

Maintenant, écrivez un paragraphe pour résumer la journée d'Aude et d'Aurélie.

_____

_____

_____

_____

_____

_____

_____

_____

_____

Info Gap Activities

Unité 6
Synthèse
Élève 1

Leçon 6B

6 **Bon anniversaire, Nicolas!** (student text, p. 208) Pour son anniversaire, Nicolas passe une excellente journée. Vous et votre partenaire avez deux feuilles d'activités différentes concernant sa journée. Vous avez la moitié des informations et votre partenaire a l'autre moitié. Décrivez ce que les gens font pour Nicolas le jour de son anniversaire. Employez les pronoms d'objet indirect. Attention! Ne regardez pas la feuille de votre partenaire.

> **Modèle**
>
> Élève 1: Les amis de Nicolas lui *téléphonent.*
> Élève 2: Ensuite, …

donner	prêter
envoyer	rendre visite
parler	sourire
préparer	téléphoner

Maintenant, décrivez ce que les gens font pour Nicolas le jour de son anniversaire.

_____

_____

_____

_____

_____

_____

Info Gap Activities

Unité 6

Synthèse
Élève 2

Leçon 6B

6 **Bon anniversaire, Nicolas!** (student text, p. 208) Pour son anniversaire, Nicolas passe une excellente journée. Vous et votre partenaire avez deux feuilles d'activités différentes concernant sa journée. Vous avez la moitié des informations et votre partenaire a l'autre moitié. Décrivez ce que les gens font pour Nicolas le jour de son anniversaire. Employez les pronoms d'objet indirect. Attention! Ne regardez pas la feuille de votre partenaire.

Modèle

> Élève 1: Les amis de Nicolas lui téléphonent.
> Élève 2: Ensuite, …

donner	prêter
envoyer	rendre visite
parler	sourire
préparer	téléphoner

Maintenant, décrivez ce que les gens font pour Nicolas le jour de son anniversaire.

_____

_____

_____

_____

_____

Info Gap Activities

Unité 7

Contextes

Élève 1

Leçon 7A

6   **Conversez**   (student text, p. 220) Vous et votre partenaire avez deux feuilles d'activités différentes. Vous êtes un(e) client(e) qui a besoin de faire une réservation pour des vacances, et il/elle est l'agent de voyages. Travaillez ensemble pour finaliser la réservation et compléter vos feuilles respectives. Votre partenaire va vous proposer trois voyages et des activités pour chaque destination. Prenez des notes, discutez des options et choisissez un voyage. Votre partenaire va vous indiquer les détails du voyage sélectionné. Attention! Ne regardez pas la feuille de votre partenaire

	Destination	Activités	Nombre de jours	Prix
A.				
B.				
C.				

Quel voyage avez-vous choisi? Expliquez votre décision? Quel type de vacances préférez-vous, en général? Quelles activités aimez-vous pratiquer quand vous êtes en vacances?

_____

_____

_____

_____

_____

_____

_____

_____

Unité 7

Contextes

Élève 2

Leçon 7A

6 **Conversez** (student text, p. 220) Vous et votre partenaire avez deux feuilles d'activités différentes. Il/elle est un(e) client(e) qui a besoin de faire une réservation pour des vacances, et vous êtes l'agent de voyages. Travaillez ensemble pour finaliser la réservation et compléter vos feuilles respectives. Proposez à votre client(e) trois voyages et des activités pour chaque destination. Votre partenaire va prendre des notes, discuter avec vous des options et choisir un voyage. Indiquez les détails du voyage sélectionné. Attention! Ne regardez pas la feuille de votre partenaire.

NOS VACANCES ORGANISÉES... VOL ALLER-RETOUR et HÔTEL INCLUS

Tahiti, Polynésie française

15 jours: 3.000€ par personne

Chamonix, France

10 jours: 1.500€ par personne

Montréal, Canada

7 jours: 850€ par personne

Nom: _____

N° de téléphone: _____

Nombre de personnes: _____

Destination: _____

Prix: _____

Dates: du _____ au _____

Activités choisies: _____

Et vous? Quelle option préférez-vous? Quel type de vacances préférez-vous, en général? Quelles activités aimez-vous pratiquer quand vous êtes en vacances?

_____

_____

_____

_____

_____

Unité 7

Synthèse
Élève 1

Leçon 7A

6 **Mireille et les Girard** (student text, p. 230) Vous et votre partenaire avez deux feuilles différentes sur le week-end dernier de Mireille et de la famille Girard. Votre partenaire a la moitié des informations et vous avez l'autre moitié. Posez des questions à votre partenaire pour compléter votre feuille. Ensuite, parlez de votre propre (*own*) week-end et remplissez (*fill out*) la dernière colonne. Attention! Ne regardez pas la feuille de votre partenaire.

Modèle

Élève 1: *Qu'est-ce que Mireille a fait vendredi soir?*
Élève 2: *Elle est allée au cinéma.*

Vocabulaire utile

aller	arriver	descendre	entrer	monter	mourir	naître
partir	passer	rentrer	rester	retourner	sortir	tomber

	Mireille	Les Girard	Mon/Ma camarade
vendredi soir			
samedi matin			
samedi après-midi			
samedi soir			
dimanche matin			

Unité 7 Info Gap Activities   **59**

Info Gap Activities

Unité 7

Synthèse
Élève 2

Leçon 7A

6 **Mireille et les Girard** (student text, p. 230) Vous et votre partenaire avez deux feuilles différentes sur le week-end dernier de Mireille et de la famille Girard. Votre partenaire a la moitié des informations et vous avez l'autre moitié. Posez des questions à votre partenaire pour compléter votre feuille. Ensuite, parlez de votre propre (*own*) week-end et remplissez (*fill out*) la dernière colonne. Attention! Ne regardez pas la feuille de votre partenaire.

> **Modèle**
> Élève 1: *Qu'est-ce que Mireille a fait vendredi soir?*
> Élève 2: *Elle est allée au cinéma.*

Vocabulaire utile

aller	arriver	descendre	entrer	monter	mourir	naître
partir	passer	rentrer	rester	retourner	sortir	tomber

	Mireille	Les Girard	Mon/Ma camarade
vendredi soir			
samedi matin			
samedi après-midi			
samedi soir			
dimanche matin			

Info Gap Activities

Unité 7

Synthèse
Élève 1

Leçon 7B

6   **Un week-end en vacances**   (student text, p. 244) Vous et votre partenaire avez deux feuilles d'activités différentes sur le week-end de M. et Mme Bardot et de leur fille Alexandra. Que se passait-il? Vous avez la moitié des dessins et votre partenaire a l'autre moitié. Posez des questions à votre partenaire pour compléter votre feuille. Quand vous avez fini, faites une description complète de leur week-end. Attention! Ne regardez pas la feuille de votre partenaire.

> **Modèle**
>
> Élève 1: En général, ils logeaient à l'hôtel.
> Élève 2: Tous les jours, ...

arriver		écrire
	aller, bronzer	
finir		dire

Maintenant faites une description du week-end des Bardot.

_____

_____

_____

_____

_____

_____

(side tab: Info Gap Activities)

Unité 7   Leçon 7B

Synthèse
Élève 2

6 **Un week-end en vacances** (student text, p. 244) Vous et votre partenaire avez deux feuilles d'activités différentes sur le week-end de M. et Mme Bardot et de leur fille Alexandra. Que se passait-il? Vous avez la moitié des dessins et votre partenaire a l'autre moitié. Posez des questions à votre partenaire pour compléter votre feuille. Quand vous avez fini, faites une description complète de leur week-end. Attention! Ne regardez pas la feuille de votre partenaire.

Modèle

> Élève 1: En général, ils logeaient à l'hôtel.
> Élève 2: Tous les jours, ...

lire

jouer, réfléchir

prendre un bateau

faire les valises

Maintenant faites une description du week-end des Bardot.

_____

_____

_____

_____

_____

Info Gap Activities

Unité 8

Synthèse

Élève 1

Leçon 8B

6 **Élise fait sa lessive** (student text, p. 280) Vous et votre partenaire avez deux feuilles différentes avec des dessins représentant (*representing*) Élise et sa journée d'hier. Elle a récemment déménagé de chez ses parents et elle ne sait pas encore faire la lessive toute seule. Vous avez la moitié des dessins et votre partenaire a l'autre moitié. Employez le passé composé et l'imparfait pour compléter l'histoire d'Élise. Quand vous avez décrit tous les dessins, écrivez un texte sur l'histoire de la lessive d'Élise. Attention! Ne regardez pas la feuille de votre partenaire.

> **Modèle**
>
> Élève 1: Hier matin, Élise avait besoin de faire sa lessive.
> Élève 2: Mais, elle…

Maintenant, écrivez un texte sur Élise et sa lessive.

Hier matin, … _____

_____

_____

_____

_____

_____

Info Gap Activities

Unité 8

Leçon 8B

Synthèse
Élève 2

6　**Élise fait sa lessive**　(student text, p. 280) Vous et votre partenaire avez deux feuilles différentes avec des dessins représentant (*representing*) Élise et sa journée d'hier. Elle a récemment déménagé de chez ses parents et elle ne sait pas encore faire la lessive toute seule. Vous avez la moitié des dessins et votre partenaire a l'autre moitié. Employez le passé composé et l'imparfait pour compléter l'histoire d'Élise. Quand vous avez décrit tous les dessins, écrivez un texte sur l'histoire de la lessive d'Élise. Attention! Ne regardez pas la feuille de votre partenaire.

Modèle

Élève 1: Hier matin, Élise avait besoin de faire sa lessive.
Élève 2: Mais, elle…

Maintenant, écrivez un texte sur Élise et sa lessive.

Hier matin, … _____

_____

_____

_____

_____

_____

_____

Info Gap Activities

Unité 1, Leçon 1B

LES COPAINS

Roman-photo

Avant de regarder

1   **Qu'est-ce qui se passe?** In this video module, David asks about the people he has just met. In preparation for watching the video, make a list of adjectives you might hear.

_____

_____

_____

_____

_____

_____

En regardant la vidéo

2   **Mettez-les dans l'ordre!** Watch the first scene and number these nationalities in the order in which they are mentioned.

_____ a. anglais

_____ b. américain

_____ c. canadien

_____ d. français

_____ e. italien

3   **Oui, maman!** Watch the scene between Stéphane and his mother, and complete the paragraph with the missing words.

brillant	classe	filles	livre
cahier	fenêtres	intelligent	professeur

Stéphane! Tu es (1) _____, mais tu n'es pas

(2) _____! En (3) _____,

on fait attention au (4) _____, au

(5) _____ et au (6) _____!

Pas aux (7) _____. Et pas aux

(8) _____!

Unité 1 Roman-photo Activities   **69**

Video Activities: *Roman-photo*

4 **Qui...?** Watch the scene as Amina and David chat on the terrace, and indicate which character says each of these lines. Write **A** for Amina, **D** for David, or **V** for Valérie.

_____ 1. Bon, elle est chanteuse, alors, elle est un peu égoïste.

_____ 2. Et Rachid, mon colocataire? Comment est-il?

_____ 3. Michèle! Un stylo, s'il vous plaît! Vite!

_____ 4. Tu es de quelle origine?

_____ 5. Oh! Rachid! C'est un ange!

_____ 6. D'origine sénégalaise.

Après la vidéo

5 **Identifiez-les!** According to the video, which characters do these statements describe? Each description may fit more than one character.

1. Il/Elle est agréable. _____

2. Il/Elle est d'origine sénégalaise. _____

3. Il/Elle est sociable. _____

4. Il/Elle est patient(e). _____

5. Il/Elle est américain(e). _____

6. Il/Elle est d'origine algérienne. _____

7. Il/Elle est égoïste. _____

8. Il/Elle est modeste. _____

9. Il/Elle est français(e). _____

10. Il/Elle est réservé(e). _____

6 **Vrai ou faux?** Indicate whether these statements are **vrai** or **faux**.

	Vrai	Faux
1. Rachid est un excellent camarade de chambre.	O	O
2. Stéphane est brillant.	O	O
3. Sandrine est chanteuse.	O	O
4. Madame Forestier est calme.	O	O
5. Michèle est optimiste.	O	O
6. Il y a un touriste américain.	O	O

7 **À vous!** In this episode, you see the contents of Stéphane's backpack. In French, list as many items as you can that you carry in your backpack.

Dans mon sac à dos, il y a... _____

_____

_____

_____

_____

Unité 2, Leçon 2A

Roman-photo

TROP DE DEVOIRS!

Avant de regarder

1 **Qu'est-ce qui se passe?** In this video, the characters talk about their classes and what they think about them. What words and expressions do you think they might say?

_____

_____

_____

_____

_____

En regardant la vidéo

2 **Qui...?** Watch the first scene and indicate which character says each of these lines. Write **An** for Antoine, **R** for Rachid, or **D** for David.

_____ 1. Les études, c'est dans la tête.

_____ 2. Est-ce que tu oublies ton coloc?

_____ 3. On a rendez-vous avec Amina et Sandrine.

_____ 4. Je déteste le cours de sciences po.

_____ 5. Le P'tit Bistrot? Sympa.

_____ 6. Je n'aime pas tellement le prof, Monsieur Dupré, mais c'est un cours intéressant et utile.

_____ 7. Ah oui? Bon, ben, salut Antoine!

_____ 8. Moi, je pense que c'est très difficile, et il y a beaucoup de devoirs.

3 **Finissez-les!** Watch the scene as the four friends discuss their day. Match the first half of these sentences with their completions according to what you hear.

_____ 1. Je suis chanteuse, ...

_____ 2. C'est cool, ...

_____ 3. Donne-moi...

_____ 4. Comme j'adore...

_____ 5. C'est différent de l'université américaine, ...

_____ 6. J'aime bien les cours...

_____ 7. Bon, Pascal, ...

_____ 8. Demain, on étudie...

a. j'adore Dumas.

b. au revoir, chéri.

c. *Les Trois Mousquetaires* d'Alexandre Dumas.

d. de littérature et d'histoire françaises.

e. mais c'est intéressant.

f. mais j'adore les classiques de la littérature.

g. penser à toi!

h. le sac à dos, Sandrine.

Unité 2 Roman-photo Activities

Video Activities: *Roman-photo*

4 **Les matières** Place check marks next to the subjects Stéphane is studying.

❑ 1. les maths   ❑ 6. le stylisme
❑ 2. la physique   ❑ 7. l'histoire-géo
❑ 3. l'anglais   ❑ 8. les sciences politiques
❑ 4. le droit   ❑ 9. la chimie
❑ 5. le français   ❑ 10. la psychologie

Après la vidéo

5 **Vrai ou faux?** Indicate whether these statements are **vrai** or **faux**.

	Vrai	Faux
1. Rachid déteste le cours de sciences po.	○	○
2. Rachid et Antoine partagent un des appartements du P'tit Bistrot.	○	○
3. Rachid n'aime pas Monsieur Dupré.	○	○
4. Rachid pense que le cours de sciences po est très difficile.	○	○
5. Rachid pense que le cours de sciences po est utile.	○	○
6. Stéphane n'étudie pas l'anglais.	○	○
7. Stéphane déteste les maths.	○	○
8. Stéphane pense que Madame Richard donne trop de devoirs.	○	○
9. Stéphane adore l'histoire-géo.	○	○
10. Stéphane n'aime pas Monsieur Dupré.	○	○

6 **Expliquez** What is happening in this photo? In English, describe the events leading up to this moment.

_____

_____

_____

_____

_____

_____

_____

_____

7 **À vous!** Give your opinion about four of your classes. Use a variety of adjectives to describe them.

1. Mon cours de/d'_____, c'est _____.

2. Mon cours de/d'_____, c'est _____.

3. Mon cours de/d'_____, c'est _____.

4. Mon cours de/d'_____, c'est _____.

Video Activities: *Roman-photo*

Unité 2, Leçon 2B

Roman-photo

ON TROUVE UNE SOLUTION

Avant de regarder

1 **Qu'est-ce qui se passe?** Look at the title of this episode and the photo below. What problem do you think Rachid and Stéphane are discussing? What solution might they find?

_____

_____

_____

_____

_____

En regardant la vidéo

2 **Qui...?** Indicate which character says each of these lines. Write **R** for Rachid, **As** for Astrid, **S** for Sandrine, **D** for David, or **St** for Stéphane.

_____ 1. Quel jour sommes-nous?

_____ 2. Alors, cette année, tu as des cours difficiles, n'est-ce pas?

_____ 3. C'est un examen très important.

_____ 4. C'est difficile, mais ce n'est pas impossible.

_____ 5. Euh, n'oublie pas, je suis de famille française.

_____ 6. Mais le sport, c'est la dernière des priorités.

_____ 7. Tu as tort, j'ai très peur du bac!

_____ 8. Il n'est pas tard pour commencer à travailler pour être reçu au bac.

3 **Complétez** Watch the conversation between Astrid and Stéphane, and complete the conversation with the missing words.

copains	envie	oublient
d'accord	livres	passer

Je suis (1) _____ avec toi, Stéphane! Moi non

plus, je n'aime pas (2) _____ mes journées et

mes week-ends avec des (3) _____.

J'ai (4) _____ de passer les week-ends avec

mes (5) _____… des copains qui

n'(6) _____ pas les rendez-vous!

Unité 2 Roman-photo Activities   **73**

4 **Mettez-les dans l'ordre!** Number these events in the order in which they occur in the video.

_____ a. Astrid et Rachid parlent du bac.

_____ b. Stéphane parle de ses problèmes.

_____ c. Rachid présente David à Astrid.

_____ d. Rachid propose une solution.

_____ e. Astrid et Rachid trouvent Stéphane au parc.

Après la vidéo

5 **Qui est-ce?** Select the person each statement describes.

_____ 1. Il/Elle a cours de stylisme.

   a. Sandrine   b. Amina   c. Astrid   d. Rachid   e. Stéphane

_____ 2. Il/Elle ne fait pas ses devoirs.

   a. Sandrine   b. Amina   c. Astrid   d. Rachid   e. Stéphane

_____ 3. Il/Elle a cours de chant.

   a. Sandrine   b. Amina   c. Astrid   d. Rachid   e. Stéphane

_____ 4. Il/Elle n'écoute pas les profs.

   a. Sandrine   b. Amina   c. Astrid   d. Rachid   e. Stéphane

_____ 5. Il/Elle travaille avec Stéphane le mercredi.

   a. Sandrine   b. Amina   c. Astrid   d. Rachid   e. Stéphane

6 **Vrai ou faux?** Indicate whether these statements are **vrai** or **faux**.

	Vrai	Faux
1. Le cours de stylisme est à quatre heures vingt.	O	O
2. Aujourd'hui, c'est mercredi.	O	O
3. On a rendez-vous avec David demain à cinq heures.	O	O
4. Le cours de chant est le mardi et le jeudi.	O	O
5. Stéphane n'assiste pas au cours.	O	O
6. Stéphane a rendez-vous avec Rachid dimanche.	O	O

7 **À vous!** In this episode, you heard the characters discuss their classes and when they have them. Complete these sentences to tell what days you have classes. Use the words listed and any other words you know.

anglais	maths
français	sciences
histoire	

lundi	jeudi
mardi	vendredi
mercredi	samedi

Modèle
J'ai cours de *physique le lundi et le mercredi.*

1. J'ai cours de/d' _____ le _____.

2. J'ai cours de/d' _____ le _____.

3. J'ai cours de/d' _____ le _____.

4. J'ai cours de/d' _____ le _____.

Video Activities: Roman-photo

Unité 3, Leçon 3A

Roman-photo

L'ALBUM DE PHOTOS

Avant de regarder

1 **Examinez le titre** Look at the title of the video module. Based on the title and the video still below, what do you think you will see in this episode? Use your imagination and answer in French.

_____

_____

_____

_____

En regardant la vidéo

2 **Les photos de tante Françoise** As the characters look at the family photos, check off each family member you see or hear described.

- ❑ 1. Stéphane's younger cousin, Bernard
- ❑ 2. Valérie's older brother, Henri
- ❑ 3. Valérie's sister-in-law
- ❑ 4. Valérie's sister
- ❑ 5. Stéphane's least favorite cousin, Charles
- ❑ 6. Stéphane's dog, Socrates
- ❑ 7. Charles' dog, Socrates
- ❑ 8. Françoise's daughter, Sophie
- ❑ 9. Sophie's brother, Bernard
- ❑ 10. Henri's oldest son, Charles

3 **Associez** Match each person with the adjective(s) used to describe them in this video segment. Some adjectives may be used for more than one person.

a. heureux/heureuse   c. brillant(e)   e. timide   g. joli(e)
b. sérieux/sérieuse   d. intelligent(e)   f. sociable   h. curieux/curieuse

- _____ 1. Amina
- _____ 2. Michèle
- _____ 3. Henri
- _____ 4. Charles
- _____ 5. Sophie
- _____ 6. Françoise
- _____ 7. Rachid
- _____ 8. Stéphane

4 **Vrai ou faux?** Indicate whether each statement is **vrai** or **faux**.

	Vrai	Faux
1. Amina connaît (*knows*) bien Cyberhomme.	○	○
2. Michèle et Amina sont amies.	○	○
3. Valérie pense que Stéphane doit (*should*) étudier davantage (*more*).	○	○
4. Stéphane pense qu'il étudie beaucoup.	○	○
5. Stéphane ne comprend (*understand*) pas comment utiliser un CD-ROM.	○	○
6. Stéphane et Valérie regardent des photos sur l'ordinateur d'Amina.	○	○
7. Michèle est une amie de Sophie.	○	○
8. Stéphane n'aime pas Socrates.	○	○
9. Valérie pense que Rachid est un bon (*good*) étudiant.	○	○
10. Amina pense que préparer le bac avec Rachid est une mauvaise idée.	○	○

Video Activities: *Roman-photo*

Après la vidéo

5 **Corrigez** Each statement below contains one piece of false information. Underline the incorrect word(s), and write the correct one(s) in the space provided.

1. Cyberhomme est le cousin d'Amina. _____

2. Michèle est timide. _____

3. Stéphane a vingt-quatre ans. _____

4. Stéphane adore ses cours. _____

5. Stéphane a un dictionnaire espagnol-français. _____

6. Il a aussi un cahier pour le cours de littérature. _____

7. Henri a quarante-sept ans. _____

8. Henri est célibataire. _____

9. Il y a un chat sur la photo. _____

10. Amina aime l'idée de Stéphane; elle est pessimiste. _____

6 **Répondez** Answer these questions in complete sentences.

1. Amina mange-t-elle?

_____

2. Qu'est-ce qu'Amina a besoin de faire (do)?

_____

3. Qu'est-ce qu'il y a dans le sac à dos de Stéphane?

_____

4. Quel (Which) cousin est-ce que Stéphane n'aime pas?

_____

5. Combien d'enfants Henri et Françoise ont-ils?

_____

6. Pourquoi est-ce une idée géniale de préparer le bac avec Rachid?

_____

7 **À vous!** In your own words, describe the people in the family photo according to what you heard in the video episode. Include names; relationship to Valérie, Stéphane, or each other; and any other details you remember, such as age, appearance, or personality.

_____

_____

_____

_____

_____

_____

_____

Video Activities: *Roman-photo*

Unité 3, Leçon 3B

Roman-photo

ON TRAVAILLE CHEZ MOI!

Avant de regarder

1 **La famille de Rachid** Look at this photo and use your imagination to write a brief description of Rachid's family. Who are the people? What do they look like? What are their personalities like? What are their professions?

_____

_____

_____

_____

_____

En regardant la vidéo

2 **Qui...?** As you watch this episode, indicate which person says each statement. Write **A** for Amina, **R** for Rachid, **D** for David, **S** for Sandrine, and **St** for Stéphane.

_____ 1. Il n'est pas dans ton sac à dos?

_____ 2. Mais non! La table à côté de la porte.

_____ 3. Numéro de téléphone 06.62.70.94.87. Mais qui est-ce?

_____ 4. Tu n'es pas drôle!

_____ 5. On travaille chez moi!

_____ 6. Sandrine est tellement pénible.

_____ 7. J'ai besoin d'un bon café.

_____ 8. Allez, si *x* égale 83 et *y* égale 90, la réponse c'est...

3 **Les professions** Match the profession in the right column to the person in the left column. There are more professions than you will need.

_____ 1. Stéphane   a. coiffeur

_____ 2. Valérie   b. propriétaire

_____ 3. le père de Rachid   c. avocate

_____ 4. la mère de Rachid   d. journaliste

                                  e. architecte

                                  f. médecin

4 **Ce n'est pas vrai!** Place check marks beside the actions that do *not* occur in each scene.

Au café...

❏ 1. Rachid aide Sandrine à trouver son téléphone.

❏ 2. Stéphane va (*goes*) étudier chez Rachid.

❏ 3. Sandrine parle avec Pascal.

❏ 4. Sandrine demande où est David.

❏ 5. Un téléphone sonne (*rings*).

Chez David et Rachid...

❏ 6. David demande où est Sandrine.

❏ 7. David dit (*says*) qu'il a envie de manger quelque chose.

❏ 8. David va au café.

❏ 9. Rachid parle avec sa famille.

❏ 10. Stéphane donne la bonne réponse.

Video Activities: Roman-photo

Après la vidéo

5 **Choisissez** Select the option that best completes each statement.

1. Sandrine ne trouve pas _____.
   a. sa montre   b. son téléphone   c. son sac à dos

2. Stéphane pense que Sandrine est _____.
   a. pénible   b. belle   c. naïve

3. David a envie d'aller (*to go*) au café parce que _____ y (*there*) est.
   a. Amina   b. Valérie   c. Sandrine

4. Rachid pense que _____ est pénible.
   a. Stéphane   b. David   c. Valérie

5. Les _____ de Rachid habitent en Algérie.
   a. parents   b. sœurs   c. grands-parents

6. Ses _____ habitent à Marseille.
   a. cousins   b. parents   c. deux frères

7. Le père de Rachid est _____.
   a. travailleur   b. occupé   c. nerveux

8. La mère de Rachid est _____.
   a. vieille   b. agréable   c. active

6 **Répondez** Answer these questions in complete sentences.

1. Quand Sandrine cherche son téléphone, où est-il?

   _____

2. Qui appelle (*is calling*) Sandrine au téléphone?

   _____

3. Pourquoi est-ce que Stéphane pense que Sandrine est pénible?

   _____

4. Comment est la famille de Rachid?

   _____

5. Pourquoi est-ce que Stéphane et Rachid préparent le bac?

   _____

7 **À vous!** In your own words, write a list of the principal actions that occur in this episode in chronological order. Include as many details as you can. Your list should include at least six actions.

   _____

   _____

   _____

   _____

   _____

   _____

   _____

Video Activities: *Roman-photo*

Unité 4, Leçon 4A

STAR DU CINÉMA

Roman-photo

Avant de regarder

1   **Examinez le titre**   Look at the title of the video module. Based on the title and the video still below, what do you think Sandrine, Amina, and David are saying? Use your imagination.

_____

_____

_____

_____

En regardant la vidéo

2   **Qui...?**   Indicate which character says each of these lines. Write **D** for David, **A** for Amina, **S** for Sandrine, or **P** for Pascal.

_____ 1. Et quand est-ce que tu vas rentrer?

_____ 2. Je vais passer chez Amina pour bavarder avec elle.

_____ 3. Bon, moi, je vais continuer à penser à toi jour et nuit.

_____ 4. Elle est là, elle est là!

_____ 5. C'est une de mes actrices préférées!

_____ 6. Mais elle est où, cette épicerie?

_____ 7. Il n'y a pas d'église en face du parc!

_____ 8. Oh, elle est belle!

_____ 9. Elle est vieille?!

_____ 10. Tu es complètement fou!

3   **Qu'est-ce qu'elle va faire?**   Watch the telephone conversation between Pascal and Sandrine. Then place check marks beside the activities Sandrine mentions.

❑ 1. étudier
❑ 2. déjeuner
❑ 3. passer chez Amina
❑ 4. aller au cinéma
❑ 5. penser à Pascal jour et nuit
❑ 6. bavarder avec Amina
❑ 7. aller danser
❑ 8. dépenser de l'argent

Video Activities: Roman-photo

   Unité 4 Roman-photo Activities   **79**

4 **Complétez** Complete these sentences with the missing words you hear in this video segment.

1. Mais, _____ est là?
2. _____?!? Qui?!? Où?!?
3. Mais elle est _____, cette épicerie?
4. Elle est à l'épicerie _____ l'église, _____ du parc.
5. Et _____ d'églises est-ce qu'il y a à Aix?
6. Bon, ben, l'église _____ la place.
7. Elle est ici au _____ ou en _____?
8. _____ est-ce qu'elle ne fréquente pas le P'tit Bistrot?

Après la vidéo

5 **Une vraie star!** For items 1–7, fill in the missing letters in each word. Unscramble the letters in the boxes to find the answer to item 8.

1. Pascal adore b __ __ __ ☐ __ __ __ au téléphone.
2. Sandrine va déjeuner au c __ __ ☐ __ __-__ __ __ __ .
3. Pascal est le p __ __ __ __ ☐ __ __ de Sandrine.
4. David pense que Juliette Binoche est à une é __ __ ☐ __ __ __ __ à Aix-en-Provence.
5. Il n'y a pas d'é __ __ ☐ __ __ en face du parc.
6. Amina pense que Juliette Binoche est c __ __ ☐.
7. Sandrine pense que Juliette Binoche est j __ __ __ ☐.
8. Juliette Binoche est _____.

6 **Mettez-les dans l'ordre!** Number these events in the order in which they occur.

_____ a. David pense qu'il voit (sees) Juliette Binoche.
_____ b. Amina, Sandrine et David découvrent (discover) que la femme à l'épicerie n'est pas Juliette Binoche.
_____ c. Amina, Sandrine et David trouvent l'épicerie.
_____ d. Sandrine et Pascal parlent au téléphone.
_____ e. Amina, Sandrine et David cherchent Juliette Binoche.

7 **À vous!** Complete the chart with activities you plan to do this week. Then indicate when and where you will do each activity.

Activité	Quand?	Où?

Unité 4, Leçon 4B

Roman-photo

L'HEURE DU DÉJEUNER

Avant de regarder

1 **Au café** What kinds of things do you say and do when you have lunch in a café?

_____

_____

_____

_____

_____

En regardant la vidéo

2 **Qui...?** Watch this segment and indicate who these statements describe. Write **A** for Amina, **D** for David, **R** for Rachid, and **S** for Sandrine.

1. _____ et _____ ont envie de manger un sandwich.

2. _____ a envie d'une bonne boisson.

3. _____ a envie de dessiner un peu.

4. _____ a un examen de sciences po.

5. _____ et _____ vont au café.

6. _____ et _____ rentrent.

3 **Qu'est-ce qu'elles commandent?** Watch this video segment and check the boxes to indicate whether Sandrine, Amina, or no one (**personne**) is having these foods and beverages.

	Sandrine	Amina	personne
1. la soupe de poisson	_____	_____	_____
2. un éclair	_____	_____	_____
3. de l'eau minérale	_____	_____	_____
4. un sandwich au fromage	_____	_____	_____
5. du pain	_____	_____	_____
6. un sandwich jambon-fromage	_____	_____	_____
7. une limonade	_____	_____	_____
8. des frites	_____	_____	_____

Video Activities: _Roman-photo_

4 **Qu'est-ce qui se passe?** Match the actions in the left column with the people who do them. Some actions apply to more than one person.

_____ 1. prendre un sandwich
_____ 2. ne pas comprendre l'addition
_____ 3. commander un café et des croissants
_____ 4. faire (*commit*) une erreur
_____ 5. ne pas boire de limonade
_____ 6. prendre du jus d'orange uniquement le matin

a. Valérie
b. Michèle
c. Sandrine
d. Amina
e. les clients de la table 7
f. les clients de la table 8

Après la vidéo

5 **Corrigez** Each statement below contains one piece of false information. Underline the incorrect word(s), and write the correct one(s) in the space provided.

1. Amina a envie de manger un croissant. _____
2. David et Sandrine vont au café. _____
3. Rachid a un examen d'histoire. _____
4. Valérie sert (*serves*) une soupe de fromage. _____
5. Amina et Sandrine boivent du coca. _____
6. Valérie explique l'erreur de l'addition aux clients. _____

6 **Sélectionner** Select the expression that correctly completes each statement.

1. Sandrine a _____.
   a. froid   b. soif   c. peur
2. David a envie _____.
   a. d'étudier   b. de dessiner   c. d'aller au cinéma
3. Sandrine voudrait (*would like to*) apprendre à préparer _____.
   a. des éclairs   b. des frites   c. des croissants
4. La boisson gazeuse de la table huit coûte _____.
   a. 1,25 €   b. 1,50 €   c. 1,75 €
5. Les clients de la table sept commandent _____.
   a. un thé   b. une limonade   c. une bouteille d'eau minérale

7 **À vous!** What might you order to eat and drink in a café? Complete these statements according to the situations described.

1. **Vous avez très faim:** Moi, je vais prendre _____ et _____.
2. **Vous avez froid:** Je vais manger _____. Comme boisson, je vais prendre _____.
3. **Vous n'avez pas très faim:** Je vais prendre _____ ou peut-être _____.
4. **Vous avez soif:** Comme boisson, je vais prendre _____.
5. **Vous avez sommeil:** Comme boisson, je vais prendre _____.
6. **Vous avez chaud:** Je vais boire _____. Je ne vais pas prendre _____.

Unité 5, Leçon 5A

AU PARC

Roman-photo

Avant de regarder

1   **Les loisirs**   Look at the photo and consider the title of this video episode. What do you think this episode will be about?

_____

_____

_____

_____

_____

_____

_____

_____

En regardant la vidéo

2   **Qui…?**   Watch the first scene and indicate which character says each of these lines. Write **D** for David, **R** for Rachid, or **S** for Sandrine.

_____ 1. Oh là là… On fait du sport aujourd'hui!

_____ 2. Je joue au foot très souvent et j'adore!

_____ 3. Mon passe-temps favori, c'est de dessiner la nature.

_____ 4. Oh, quelle belle journée! Faisons une promenade!

_____ 5. Je n'ai pas beaucoup de temps libre avec mes études.

_____ 6. J'ai besoin d'être sérieux.

3   **Les activités**   Check off the activities that are mentioned in the video.

❑   1. faire du vélo

❑   2. jouer au football

❑   3. aller à la pêche

❑   4. dessiner

❑   5. jouer au volleyball

❑   6. jouer aux échecs

❑   7. sortir

❑   8. faire du ski

❑   9. jouer au baseball

❑   10. jouer aux cartes

❑   11. faire de la planche à voile

❑   12. jouer au basket

❑   13. jouer au football américain

❑   14. jouer au tennis

Video Activities: Roman-photo

4 **Complétez** Watch the segment with Rachid and Stéphane, and complete these sentences with the missing words.

STÉPHANE Pfft! Je n'aime pas (1) _____.

RACHID Mais, qu'est-ce que tu aimes, à part (2) _____?

STÉPHANE Moi? J'aime presque tous (3) _____. Je fais (4) _____,

(5) _____, du vélo… et j'adore (6) _____.

5 **David et Sandrine** Watch the conversation between David and Sandrine, then choose the best answer for these questions.

1. Selon David, les sports favoris des Américains sont _____.
   a. le baseball et le basket   b. le football et le volley-ball   c. le football et le tennis
2. Les Américains adorent regarder _____ à la télé.
   a. le basket   b. le football américain   c. le baseball
3. Sandrine aime bien _____ le week-end.
   a. faire du sport   b. dessiner   c. sortir
4. Sandrine aime _____.
   a. aller au cinéma   b. aller à des concerts   c. aller au cinéma et à des concerts
5. Sandrine adore _____.
   a. danser   b. regarder des films   c. chanter
6. David aime _____.
   a. jouer au basket   b. dessiner   c. bricoler

Après la vidéo

6 **J'aime…** Complete the chart with the activities, pastimes, or sports that you enjoy participating in. Also, indicate when and where you do each activity.

Mes loisirs préférés	Quand?	Où?

7 **À vous!** Answer these questions in French.

1. Est-ce que vos amis sont sportifs? Quels sont leurs sports préférés?

_____

2. Qu'est-ce que vous aimez faire avec vos amis quand vous avez du temps libre?

_____

3. Qu'est-ce que vous allez faire ce week-end? Mentionnez au moins trois choses.

_____

Unité 5, Leçon 5B

Roman-photo

QUEL TEMPS!

Avant de regarder

1   **Le temps**   In this video episode, the characters talk about seasons, the date, and the weather. What kinds of expressions do you think they might say?

_____

_____

_____

_____

_____

En regardant la vidéo

2   **Les mois de l'année**   Which months are mentioned in this video episode?

- ❑ 1. janvier
- ❑ 2. février
- ❑ 3. mars
- ❑ 4. avril
- ❑ 5. mai
- ❑ 6. juin

- ❑ 7. juillet
- ❑ 8. août
- ❑ 9. septembre
- ❑ 10. octobre
- ❑ 11. novembre
- ❑ 12. décembre

3   **Quel temps fait-il?**   In what order are these weather conditions mentioned in the video?

_____ a. Il fait bon.

_____ b. Il pleut.

_____ c. Il fait chaud.

_____ d. Il fait beau.

_____ e. Il neige.

_____ f. Il fait froid.

4   **Qui...?**   Watch the scene in Rachid and David's apartment, and indicate which character says these lines. Write **D** for David, **R** for Rachid, or **S** for Sandrine.

_____ 1. Je sors même quand il fait très froid.

_____ 2. Je déteste la pluie. C'est pénible.

_____ 3. Cette année, je fête mes vingt et un ans.

_____ 4. Oh là là! J'ai soif.

_____ 5. C'est vrai, David, tu as vraiment du talent.

_____ 6. Mais... qu'est-ce que vous faites, tous les deux?

    Unité 5 Roman-photo Activities   **85**

Video Activities: *Roman-photo*

5 **Descriptions** Indicate which person each statement describes.

_____ 1. Il/Elle étudie Napoléon.
     a. Rachid   b. David   c. Stéphane   d. Sandrine
_____ 2. Son anniversaire, c'est le 15 janvier.
     a. Rachid   b. David   c. Stéphane   d. Sandrine
_____ 3. Il/Elle préfère l'été.
     a. Rachid   b. David   c. Stéphane   d. Sandrine
_____ 4. Il/Elle aime regarder les sports à la télé.
     a. Rachid   b. David   c. Stéphane   d. Sandrine
_____ 5. Il/Elle célèbre ses dix-huit ans samedi prochain.
     a. Rachid   b. David   c. Stéphane   d. Sandrine

Après la vidéo

6 **Vrai ou faux?** Indicate whether these statements are **vrai** or **faux**.

	Vrai	Faux
1. À Washington, il pleut souvent à l'automne et en hiver.	○	○
2. Stéphane a dix-neuf ans.	○	○
3. Le Tour de France commence au mois d'août.	○	○
4. L'anniversaire de Sandrine est le 20 juillet.	○	○
5. Sandrine va préparer une omelette pour David et Rachid.	○	○
6. Pour célébrer son anniversaire, Sandrine invite ses amis au restaurant.	○	○

7 **À vous!** Answer these questions in French.

1. C'est quand, votre anniversaire?

_____

_____

2. Quelle est votre saison préférée? Pourquoi? _____

_____

_____

3. Qu'est-ce que vous aimez faire quand il fait beau? _____

_____

_____

4. Qu'est-ce que vous aimez faire quand il pleut? _____

_____

_____

Video Activities: Roman-photo

Unité 6, Leçon 6A

Roman-photo

LES CADEAUX

Avant de regarder

1 **Qu'est-ce qui se passe?** Look at the video still. What are the people doing? Consider the title and the photo, and guess what will happen in this episode.

_____

_____

_____

_____

_____

En regardant la vidéo

2 **Les desserts** Watch the scene about Sandrine's phone call, and place a check mark next to the desserts Sandrine mentions to Pascal.

- ❑ 1. de la glace
- ❑ 2. une mousse au chocolat
- ❑ 3. un gâteau d'anniversaire
- ❑ 4. une tarte aux pommes
- ❑ 5. des biscuits
- ❑ 6. des éclairs
- ❑ 7. des bonbons

3 **Qui...?** Indicate which character says each of these lines. Write S for Sandrine or V for Valérie.

_____ 1. On organise une fête surprise au P'tit Bistrot.

_____ 2. Mais non, il n'est pas marié.

_____ 3. Stéphane va bientôt arriver.

_____ 4. Oh là là! Tu as fait tout ça pour Stéphane?

_____ 5. Tu es un ange!

_____ 6. J'adore faire la cuisine.

_____ 7. Je t'aide à apporter ces desserts?

_____ 8. Désolée, je n'ai pas le temps de discuter.

Video Activities: *Roman-photo*

4 **À la boutique** Choose the option that correctly completes each sentence.

1. Astrid a acheté _____ comme cadeau pour Stéphane.
   a. un stylo   b. un gâteau   c. une calculatrice
2. Astrid a aussi acheté _____ pour Stéphane.
   a. des livres   b. des bonbons   c. des bandes dessinées
3. Ces cadeaux sont _____.
   a. de vrais cadeaux   b. une blague   c. très chers
4. La montre que Rachid et Astrid achètent coûte _____.
   a. 40 €   b. 50 €   c. 100 €
5. La vendeuse fait _____.
   a. un paquet cadeau   b. la fête   c. une erreur d'addition

Après la vidéo

5 **Vrai ou faux?** Indicate whether each of these statements is **vrai** or **faux**.

	Vrai	Faux
1. Stéphane a 18 ans.	O	O
2. Rachid a l'idée d'acheter une montre pour Stéphane.	O	O
3. Amina apporte de la glace au chocolat à la fête.	O	O
4. Stéphane pense qu'il va jouer au foot avec Rachid.	O	O
5. Astrid et Amina aident à décorer.	O	O
6. Stéphane va aimer tous ses cadeaux.	O	O

6 **Sommaire** Briefly describe the events in this episode from the redundant perspectives of the people listed below. Write at least two sentences for each one.

Sandrine: _____

_____

_____

Valérie: _____

_____

_____

Astrid: _____

_____

_____

7 **À vous!** Make a list of things you do to throw a party. Mention at least six different activities.
Pour préparer une fête, ...

_____

_____

_____

_____

_____

Video Activities: *Roman-photo*

Unité 6, Leçon 6B

Roman-photo

L'ANNIVERSAIRE

Avant de regarder

1 **À la fête** List the kinds of things people might do and say at a birthday party.

_____

_____

_____

_____

En regardant la vidéo

2 **Complétez** Watch this video segment and complete these sentences with words from the list.

Aix-en-Provence	jupe	robe	soie
coton	Paris	Sandrine	Washington

1. C'est _____ qui a presque tout préparé pour la fête.

2. David n'est pas à la fête parce qu'il visite _____ avec ses parents.

3. Les parents de David sont de _____.

4. Amina va emprunter la _____ de Sandrine.

5. Sandrine va emprunter la _____ d'Amina.

6. La jupe d'Amina est en _____.

3 **Qui...?** Indicate which character says each of these lines. Write **A** for Amina, **As** for Astrid, **R** for Rachid, **S** for Sandrine, **St** for Stéphane, or **V** for Valérie.

_____ 1. Alors là, je suis agréablement surpris!

_____ 2. Bon anniversaire, mon chéri!

_____ 3. On a organisé cette surprise ensemble.

_____ 4. Alors cette année, tu travailles sérieusement, c'est promis?

_____ 5. Dix-huit ans, c'est une étape importante dans la vie!

_____ 6. Et en plus, vous m'avez apporté des cadeaux!

_____ 7. David est désolé de ne pas être là.

_____ 8. Cet ensemble, c'est une de tes créations, n'est-ce pas?

_____ 9. Ces gants vont très bien avec le blouson! Très à la mode!

_____ 10. La littérature, c'est important pour la culture générale!

_____ 11. Une calculatrice? Rose? Pour moi?

_____ 12. C'est pour t'aider à répondre à toutes les questions en maths.

_____ 13. Tu as aimé notre petite blague?

_____ 14. Vous deux, ce que vous êtes drôles!

Video Activities: *Roman-photo*

Unité 6 Roman-photo Activities **89**

4   **De quelle couleur?**   What color are these objects from the video?

1. Les gants de Stéphane sont _____.

2. Le tee-shirt d'Amina est _____.

3. La robe de Sandrine est _____.

4. Le blouson de Stéphane est _____.

5. Le chemisier de Valérie est _____.

6. La jupe d'Amina est _____.

7. La calculatrice de Stéphane est _____.

8. Les ballons sont _____.

Après la vidéo

5   **Mettez-les dans l'ordre!**   Number these events in the order in which they occur in the video.

_____ a. On souhaite à Stéphane un joyeux anniversaire.

_____ b. Stéphane ouvre ses cadeaux.

_____ c. Amina admire la robe de Sandrine.

_____ d. Stéphane arrive au P'tit Bistrot.

_____ e. On coupe le gâteau d'anniversaire.

6   **Que font-ils?**   What do these people give to Stéphane or do for him for his birthday?

1. Sandrine: _____

_____

2. Valérie: _____

_____

3. Rachid et Astrid: _____

_____

7   **À vous!**   Write a description of a birthday party you've had or that you've attended. Describe the people who were there and what they did. What foods were served? What did people wear? What gifts were given?

_____

_____

_____

_____

_____

_____

_____

Video Activities: Roman-photo

Unité 7, Leçon 7A

Roman-photo

DE RETOUR AU P'TIT BISTROT

Avant de regarder

1 **À Paris** In this video episode, David has just returned from a vacation in Paris. What do you think he might have seen and done there?

_____

_____

_____

_____

_____

En regardant la vidéo

2 **Les vacances à Paris** Watch this video segment and place check marks beside the activities David says he did in Paris.

David …

☐ 1. est allé (*went*) à la tour Eiffel.

☐ 2. a pris un bateau-mouche sur la Seine.

☐ 3. a visité la cathédrale de Notre-Dame.

☐ 4. a pris un taxi.

☐ 5. a visité le musée du Louvre.

☐ 6. est allé à Montmartre.

☐ 7. a visité la ville en voiture.

☐ 8. est allé aux Galeries Lafayette.

☐ 9. a dîné dans une brasserie.

☐ 10. a visité le musée d'Orsay.

☐ 11. a pris le métro.

☐ 12. a visité les monuments.

3 **Vrai ou faux?** Indicate whether each of these statements is **vrai** or **faux**.

	Vrai	Faux
1. David pense que Paris est la plus belle ville du monde.	○	○
2. David n'a pas oublié l'anniversaire de Stéphane.	○	○
3. Les parents de David n'aiment pas conduire.	○	○
4. David a acheté des vêtements à Paris.	○	○
5. David n'a pas passé de bonnes vacances.	○	○
6. Stéphane n'a pas aimé ses cadeaux d'anniversaire.	○	○
7. Sandrine a l'intention de passer ses vacances d'hiver à Albertville.	○	○
8. David ne fait pas de ski.	○	○

4 **Les vacances** For items 1–5, fill in the missing letters in each word. Unscramble the letters in the boxes to find the answer to item 6.

1. David est parti pour Paris avec une v ☐ __ __ __ __.

2. Les p __ __ __ __ __ ☐ de David sont arrivés des États-Unis.

3. Ils ont pris une c __ __ __ __ ☐ __ dans un bel hôtel.

4. Ils sont venus chercher David à la gare v__ __ __ __ __ __ ☐ soir.

5. Ils aiment conduire à la c __ __ ☐ __ __ __, mais pas en ville.

6. Où est-ce que David aime passer ses vacances? _____

Unité 7 Roman-photo Activities **91**

Video Activities: *Roman-photo*

5   **Mettez-les dans l'ordre!**   Number these events in the order in which they occur.

_____ a. David raconte ses vacances à Rachid.

_____ b. David arrive à la gare d'Aix-en-Provence.

_____ c. Sandrine demande à David de revenir au café demain.

_____ d. David raconte ses vacances à Stéphane.

_____ e. David surprend Sandrine au café.

_____ f. Stéphane raconte sa fête à David.

Après la vidéo

6   **Répondez**   Answer these questions in French. Use complete sentences.

1. Quand est-ce que les parents de David sont arrivés (*arrived*) des États-Unis?

_____

2. Combien de temps est-ce que David a passé à Paris?

_____

3. Pour Stéphane, quelles sont les vacances idéales?

_____

4. Qu'est-ce que David a donné à Stéphane?

_____

5. Que pense David de Sandrine?

_____

6. Pourquoi est-ce que Sandrine doit (*must*) partir sans boire son café?

_____

7   **À vous!**   List four places you'd like to go on vacation. Then list two activities you might do in each place. Mention eight different activities.

Lieu de vacances	Activité	Activité
1. _____	_____	_____
2. _____	_____	_____
3. _____	_____	_____
4. _____	_____	_____

Video Activities: *Roman-photo*

Unité 7, Leçon 7B

Roman-photo

LA RÉSERVATION D'HÔTEL

Avant de regarder

1 **À l'agence de voyages** What might you say at a travel agency? When making travel arrangements, what information might a travel agent need from you?

_____

_____

_____

_____

_____

En regardant la vidéo

2 **Complétez** Choose the words that complete the sentences below according to what Sandrine says in the video.

1. J'ai besoin d'une _____ d'hôtel, s'il vous plaît.
   a. réservation   b. chambre   c. auberge

2. Nous allons _____.
   a. en Suisse   b. à Paris   c. à Albertville

3. Il nous faut _____ chambre(s) individuelle(s).
   a. une   b. deux   c. trois

4. Disons du _____ décembre au 2 janvier
   a. 24   b. 25   c. 26

5. C'est vraiment trop _____.
   a. loin   b. gentil   c. cher

3 **Les prix des hôtels** What are the prices for a single room at these hotels?

1. l'hôtel le Vieux Moulin: _____

2. l'hôtel le Mont-Blanc: _____

3. l'auberge de la Costaroche: _____

4 **Qui?** Whom do these statements describe? Write **S** for Sandrine or **A** for Amina.

_____ 1. Elle fête Noël en famille.

_____ 2. Elle ne réussit (*succeed*) pas à faire une réservation.

_____ 3. Elle correspond avec Cyberhomme.

_____ 4. Elle trouve un hôtel pas cher à Albertville.

_____ 5. Elle cherche un Cyberhomme.

Video Activities: *Roman-photo*

5 **Cyberhomme** Choose the best answer for these questions.

1. Qui est Cyberhomme?

   a. le petit ami de Sandrine   b. l'ami virtuel d'Amina   c. un étudiant à l'université

2. Combien de messages électroniques est-ce qu'il a envoyés?

   a. 2   b. 10   c. 12

3. Pourquoi est-ce qu'Amina ne lit pas le message à Sandrine?

   a. c'est personnel   b. c'est ennuyeux   c. c'est trop long

4. Comment est Cyberhomme?

   a. petit, mais beau   b. sympa, mais timide   c. sportif, mais sérieux

Après la vidéo

6 **Répondez** Answer these questions in French. Write complete sentences.

1. Où est-ce que Sandrine a envie de passer ses vacances d'hiver?

   _____

2. Pourquoi est-ce que Sandrine ne fait pas de réservation à l'agence de voyages?

   _____

3. Après sa visite à l'agence de voyages, qu'a besoin de faire Sandrine?

   _____

4. Qui fait une réservation pour Sandrine?

   _____

5. Qui téléphone à Sandrine? Pourquoi?

   _____

6. Pourquoi est-ce que Sandrine est fâchée (*angry*)?

   _____

7 **À vous!** In this episode, Pascal says "Elle n'est pas très heureuse maintenant, mais quelle surprise en perspective!" What surprise do you think he has planned? How do you think Sandrine will respond?

_____

_____

_____

_____

_____

_____

Unité 8, Leçon 8A

Roman-photo

LA VISITE SURPRISE

Avant de regarder

1   **La surprise**   Look at the photo and consider the title of this video episode. Who is in this picture? How do you think Sandrine will react when she sees him? What do you think will happen in this episode?

_____
_____
_____
_____
_____

En regardant la vidéo

2   **Chez Sandrine**   Check off the items that Sandrine has at her place.

   ❏   1. un escalier
   ❏   2. une chambre
   ❏   3. une douche
   ❏   4. un miroir
   ❏   5. une baignoire
   ❏   6. une cave

   ❏   7. une cuisine
   ❏   8. un jardin
   ❏   9. un salon
   ❏ 10. une salle à manger
   ❏ 11. un lavabo
   ❏ 12. un sous-sol

3   **Identifiez-les**   Label the rooms that are pictured.

1. _____

2. _____

3. _____

4. _____

5. _____

Unité 8 Roman-photo Activities

Video Activities: Roman-photo

4 **Qui...?** Indicate which character says each of these lines. Write **D** for David or **R** for Rachid.

_____ 1. C'est grand chez toi!

_____ 2. Heureusement, Sandrine a décidé de rester.

_____ 3. Tu as combien de pièces?

_____ 4. Dis, c'est vrai, Sandrine, ta salle de bains est vraiment grande.

_____ 5. Chez nous, on a seulement une douche.

_____ 6. Et elle a une baignoire et un beau miroir au-dessus du lavabo!

5 **Complétez** Complete these sentences with the missing words from the video.

SANDRINE Je te fais (1) _____?

RACHID Oui, merci.

SANDRINE Voici la (2) _____.

RACHID Ça, c'est une (3) _____ très importante pour nous, les invités.

SANDRINE Et puis, la (4) _____.

RACHID Une pièce très importante pour Sandrine...

DAVID Évidemment!

SANDRINE Et voici ma (5) _____.

RACHID Elle est (6) _____!

SANDRINE Oui, j'aime le vert.

Après la vidéo

6 **Une dispute** Describe what is happening in this photo. Explain the events leading up to this moment.

_____

_____

_____

_____

_____

7 **À vous!** What rooms do you have in your home? Write at least five sentences describing them.

_____

_____

_____

_____

_____

_____

_____

_____

Unité 8, Leçon 8B

LA VIE SANS PASCAL

Roman-photo

Avant de regarder

1   **Chez moi**   In this video episode, you will hear people talking about chores. In preparation, make a list of household chores in French.

_____

_____

_____

_____

_____

En regardant la vidéo

2   **Les tâches ménagères**   Check off the chores mentioned or seen in the video.

❑   1. faire le lit

❑   2. balayer

❑   3. sortir les poubelles

❑   4. repasser le linge

❑   5. ranger la chambre

❑   6. passer l'aspirateur

❑   7. mettre la table

❑   8. faire la vaisselle

❑   9. faire la lessive

❑   10. débarrasser la table

❑   11. enlever la poussière

❑   12. essuyer la table

3   **Sélectionnez**   Watch the scenes in the café, and choose the words that complete each sentence according to what you hear.

1. Je débarrasse _____?

   a. la poubelle   b. la lessive   c. la table

2. Apporte-moi _____, s'il te plaît.

   a. l'addition   b. le thé   c. le balai

3. Tu dois faire _____ avant de sortir.

   a. la lessive   b. la vaisselle   c. les devoirs

4. Il faut sortir _____ ce soir!

   a. le chien   b. le balai   c. les poubelles

5. Il est l'heure de préparer _____.

   a. le dîner   b. les biscuits   c. le petit-déjeuner

6. Est-ce que tu as rangé _____?

   a. le lit   b. la table   c. ta chambre

Video Activities: _Roman-photo_

4 **Les réponses** Watch the scene in Sandrine's apartment, and choose the response to each statement or question you hear in the video.

_____ 1. Mmmm. Qu'est-ce qui sent bon?

_____ 2. Tu as soif?

_____ 3. Tu vas le rencontrer un de ces jours?

_____ 4. Ne t'en fais pas, je comprends.

_____ 5. Je ne le connais pas vraiment, tu sais.

a. Un peu, oui.

b. Toi, tu as de la chance.

c. Il y a des biscuits au chocolat dans le four.

d. Oh… Je ne sais pas si c'est une bonne idée.

e. Comme d'habitude, tu as raison.

Après la vidéo

5 **Qui?** Who did these chores? Write **M** for Michèle, **St** for Stéphane, **V** for Valérie, or **X** if no one did it.

_____ 1. faire le lit

_____ 2. ranger sa chambre

_____ 3. faire la lessive

_____ 4. débarrasser la table

_____ 5. passer l'aspirateur

_____ 6. repasser le linge

_____ 7. sortir les poubelles

_____ 8. essuyer la table

6 **Expliquez** Answer these questions in French. Write complete sentences.

1. Pourquoi est-ce que Sandrine est de mauvaise humeur?

_____

_____

2. Pourquoi est-ce que Sandrine pense qu'Amina a de la chance?

_____

_____

3. Quand Sandrine parle d'un petit ami artistique, charmant et beau, à qui pense-t-elle? Comment est-ce que vous le savez?

_____

_____

7 **À vous!** Imagine that you are dividing household chores with your sibling. Write a conversation in which you discuss which chores you will each do. Talk about at least six different things.

_____

_____

_____

_____

_____

_____

_____

Video Activities: *Roman-photo*

Unité 2, Leçon 2A

AU LYCÉE

Avant de regarder

Flash culture

1 **Au lycée français** In this video, you will learn about high schools in France. Make a list of French words related to school life, including places and academic subjects.

_____   _____   _____
_____   _____   _____
_____   _____   _____
_____   _____   _____
_____   _____   _____

2 **Qu'est-ce que c'est?** Check the appropriate column to classify these words as a place (**un endroit**) or a class (**un cours**).

	endroit	cours
1. la librairie	○	○
2. la physique	○	○
3. la cantine	○	○
4. les lettres	○	○
5. la bibliothèque	○	○
6. la salle de classe	○	○
7. le gymnase	○	○
8. le bureau	○	○
9. les mathématiques	○	○
10. l'histoire	○	○
11. la chimie	○	○
12. la philosophie	○	○

En regardant la vidéo

3 **Mettez-les dans l'ordre** Number these places and subjects in the order in which they are mentioned in the video.

_____ a. le lycée Cézanne

_____ b. l'anglais

_____ c. le point de rencontre des élèves

_____ d. la philosophie

_____ e. la physique

_____ f. la salle de cours

_____ g. le cours de français

4 **Choisissez** Watch as Benjamin interviews several students about their classes, and place check marks next to the classes the students mention.

❑ 1. biologie
❑ 2. anglais
❑ 3. français
❑ 4. sciences politiques
❑ 5. histoire-géo

❑ 6. maths
❑ 7. informatique
❑ 8. physique
❑ 9. philosophie
❑ 10. psychologie

5 **Qu'est-ce qu'ils disent?** Match these images with their captions.

1. _____ 2. _____ 3. _____

4. _____ 5. _____ 6. _____

a. Bof, ça va.
b. C'est ici qu'ils passent le temps entre les cours.
c. Oui, mais c'est difficile.
d. C'est un cours de français.
e. Vous avez quel cours maintenant?
f. Chut! Nous sommes maintenant dans la bibliothèque.

Après la vidéo

6 **Dans mon école** List five different places around your school. Then describe what you usually do at each one.

_____
_____
_____
_____
_____
_____
_____

Unité 3, Leçon 3A

Flash culture

LA FAMILLE ET LES COPAINS

Avant de regarder

1 **Vocabulaire supplémentaire** Look over these words and expressions before you watch the video; you will hear them in this segment.

la petite	*the little girl*	donner à manger	*to feed*
là-bas	*over there*	Vous pensez que… ?	*Do you think that… ?*
Tiens!	*Oh!*	Eh, regardez!	*Hey, look!*

2 **La famille et les copains** In this video, you will hear descriptions of people and find out about their relationships with others. In preparation, circle the statements that best describe you.

1. Je suis un garçon. / Je suis une fille.

2. J'ai 15 ans. / J'ai moins de (*less than*) 15 ans. / J'ai plus de (*more than*) 15 ans.

3. Je suis sportif/sportive. / J'ai un meilleur ami. / J'ai une meilleure amie.

4. J'ai un neveu. / J'ai une nièce. / Je n'ai pas de neveux ni (*nor*) de nièces.

5. J'ai un chat. / J'ai un chien. / J'ai un oiseau. / J'ai un poisson. / Je n'ai pas d'animaux.

6. J'ai un frère. / Je n'ai pas de frère. / J'ai une sœur. / Je n'ai pas de sœur.

3 **Les catégories** Check the appropriate column to classify these words as **une personne** or **un adjectif**.

	personne	adjectif		personne	adjectif
1. petit	_____	_____	**7. jeune**	_____	_____
2. fils	_____	_____	**8. célibataire**	_____	_____
3. marié	_____	_____	**9. ami**	_____	_____
4. copain	_____	_____	**10. gentil**	_____	_____
5. enfant	_____	_____	**11. fille**	_____	_____
6. garçon	_____	_____	**12. sportif**	_____	_____

En regardant la vidéo

4 **Indiquez** Indicate which of these people or animals are mentioned in the video.

- ❏ 1. père
- ❏ 2. mère
- ❏ 3. fille
- ❏ 4. fils
- ❏ 5. femme
- ❏ 6. mari
- ❏ 7. neveu
- ❏ 8. nièce

- ❏ 9. grand-père
- ❏ 10. homme
- ❏ 11. couple
- ❏ 12. chien
- ❏ 13. chat
- ❏ 14. oiseau
- ❏ 15. poisson

5 **Complétez** Complete these sentences according to what you see and hear in the video.

1. La petite, elle a _____ ou _____ ans, je crois.

2. Les garçons là-bas, ce sont des _____. Ils ont beaucoup d'énergie.

3. Et cette jeune femme, vous pensez qu'elle est _____ ou _____?

4. Un jeune couple. Que c'est _____!

5. Eh, regardez! Une femme avec son _____.

6. C'est mon _____.

Après la vidéo

6 **À vous!** How would you describe your family and friends? Think of three friends, family members, and/or pets, and complete the descriptions of each. Include a photo or a drawing.

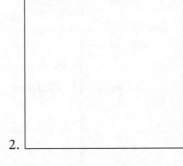
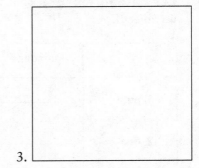

1. _____ 2. _____ 3. _____

1. Il/Elle s'appelle _____.

   C'est mon/ma _____.

   Il/Elle est _____ et _____.

2. Il/Elle s'appelle _____.

   C'est mon/ma _____.

   Il/Elle est _____ et _____.

3. Il/Elle s'appelle _____.

   C'est mon/ma _____.

   Il/Elle est _____ et _____.

Unité 4, Leçon 4B

AU CAFÉ

Flash culture

Avant de regarder

1   **Vocabulaire supplémentaire** Look over these words and expressions before you watch the video.

un coca	*soft drink*
un croque-monsieur	*toasted ham and cheese sandwich*
un hot-dog	*hot dog*
une glace au chocolat	*chocolate ice cream*

2   **Qu'est-ce qu'on prend?** In this video, you are going to learn about cafés in France. Make a list of five beverages and five food items a French café might serve.

À boire   À manger

_____   _____

_____   _____

_____   _____

_____   _____

_____   _____

3   **Qu'est-ce que c'est?** Check the appropriate column to classify these words as a beverage (**boisson**) or food (**nourriture**).

	boisson	nourriture		boisson	nourriture
1. fromage	_____	_____	7. frites	_____	_____
2. éclair	_____	_____	8. eau minérale	_____	_____
3. jus de pomme	_____	_____	9. glace au chocolat	_____	_____
4. croissant	_____	_____	10. croque-monsieur	_____	_____
5. limonade	_____	_____	11. baguette	_____	_____
6. café au lait	_____	_____	12. jambon	_____	_____

En regardant la vidéo

4   **Qu'est-ce qu'il y a?** Check off the six foods listed below that are mentioned in the video.

❏ 1. des frites   ❏ 7. une eau minérale

❏ 2. un hot-dog   ❏ 8. un sandwich au jambon

❏ 3. une soupe   ❏ 9. des éclairs

❏ 4. une baguette   ❏ 10. un pain de campagne

❏ 5. un croissant   ❏ 11. une glace au chocolat

❏ 6. un croque-monsieur   ❏ 12. un fromage

5   **Les boissons**   What beverages are pictured below?

1. _____

2. _____

3. _____

4. _____

5. _____

     a. un café au lait   d. un chocolat

     b. une limonade   e. un café

     c. un coca   f. un thé

Après la vidéo

6   **Au café**   Imagine you are at a café in Aix-en-Provence. Write a brief conversation in which you and a friend each order something to eat and something to drink. You should each order different things. Include what the server says, too.

_____

_____

_____

_____

_____

_____

_____

_____

_____

_____

_____

_____

Unité 5, Leçon 5A

LES LOISIRS

Flash culture

Avant de regarder

1   **Quels sont vos loisirs préférés?** In this video, you will learn about leisure-time activities in France. Make a list of six things you like to do in your spare time. Then make a list of six things you don't like to do in your spare time.

J'aime...	Je n'aime pas...
_____	_____
_____	_____
_____	_____
_____	_____
_____	_____
_____	_____

2   **Mes loisirs** Circle all of the statements that describe you.

1. J'aime jouer aux cartes / aux échecs.
2. Je joue du piano / de la guitare.
3. J'aime / Je n'aime pas le sport.
4. Je fais de la gym / de l'aérobic / de la danse.
5. Je joue au football / au basket / au baseball.

En regardant la vidéo

3   **Mettez-les dans l'ordre** In what order does Csilla mention these activities?

_____ a. On joue au basket.

_____ b. On joue à la pétanque.

_____ c. On joue au football.

_____ d. On joue au tennis.

_____ e. On court.

_____ f. On fait du jogging.

_____ g. On fait de la musique.

_____ h. On fait de la gym.

_____ i. On fait de l'aérobic.

_____ j. On fait de la danse.

4 Écoutez Write down five activities you see being performed indoors (à l'intérieur) and five you see being performed outdoors (en plein air). Include activities you see but Csilla doesn't mention.

À l'intérieur	En plein air
_____	_____
_____	_____
_____	_____
_____	_____
_____	_____

Après la vidéo

5 Qu'est-ce que c'est? Define these terms in English, based on what you saw and heard in the video.

1. la maison des jeunes et de la culture

_____

_____

_____

2. la pétanque

_____

_____

_____

6 Les activités How are sports and leisure activities in France different from those practiced in the United States? In what ways are they similar?

_____

_____

_____

_____

_____

_____

_____

_____

_____

_____

_____

Unité 6, Leçon 6A

LES FÊTES

Flash culture

Avant de regarder

1 **Vocabulaire supplémentaire** Look over these words and expressions before you watch the video.

carnaval	*carnival*	magnifique	*magnificent*
célèbre	*famous*	Noël	*Christmas*
chevaux	*horses*	Pâques	*Easter*
le jour de l'an	*New Year's Day*	partout	*everywhere*
la fête nationale	*national holiday*	presque toutes	*almost all*
incroyable	*incredible*		

2 **Vos fêtes préférées** In this video, you will learn about French holidays and festivals. In preparation, answer these questions about two of your favorite holidays or festivals.

Quelles sont vos fêtes préférées? Comment est-ce que vous célébrez ces fêtes chez vous?

1. fête: _____

   traditions: _____

   _____

   _____

   _____

   _____

2. fête: _____

   traditions: _____

   _____

   _____

   _____

   _____

En regardant la vidéo

3 **Dans quel ordre?** Number these items as they appear on-screen.

_____ a. des chevaux

_____ b. des danseuses

_____ c. des enfants

_____ d. des légumes

_____ e. des musiciens qui jouent

Unité 6 Flash culture Activities **109**

4 Les fêtes What holiday or festival does each image represent?

1. _____

2. _____

3. _____

4. _____

5. _____

6. _____

a. le jour de l'an
b. la fête nationale
c. Noël
d. la fête de la Musique
e. Pâques
f. le festival de théâtre d'Avignon

5 Répondez Complete these sentences with words from the list according to what Benjamin says.

décembre	juillet	premier
janvier	juin	printemps

1. Le premier _____, c'est le jour de l'an.

2. Au _____, on célèbre Pâques.

3. Le quatorze _____, c'est la fête nationale.

4. Le vingt-cinq _____, c'est Noël.

5. Au mois de _____, on célèbre la fête de la musique.

Après la vidéo

6 Vrai ou faux? Indicate whether these statements are **vrai** or **faux**.

	Vrai	Faux
1. On célèbre la fête de la musique seulement à Paris.	O	O
2. Il y a beaucoup de fêtes en France.	O	O
3. Le festival d'Avignon est un festival de danse.	O	O
4. Le festival de théâtre est à Nice.	O	O
5. Chaque année, Aix-en-Provence organise un carnaval.	O	O

7 À vous! Imagine that you just visited France during one of the holidays mentioned in the video. Write a short letter to a friend telling him or her about what you saw and did.

_____

_____

_____

_____

_____

Unité 7, Leçon 7A

LES VACANCES

Flash culture

Avant de regarder

1 **Qu'est-ce que vous aimez faire?** In this video, you will learn about vacations in France. Make a list of six things you like to do while on vacation. Then make a list of six things you don't like to do on vacation.

Quand je suis en vacances, j'aime…

_____

_____

_____

_____

_____

_____

Quand je suis en vacances, je n'aime pas…

_____

_____

_____

_____

_____

_____

2 **Mes vacances** Circle all of the statements that describe you.

1. J'aime voyager en avion / en train / en voiture.
2. En vacances, j'aime rester dans un hôtel / un camping / une auberge de jeunesse.
3. J'aime visiter les musées / acheter des souvenirs / manger au restaurant.
4. Dans un café, j'aime manger / prendre un verre / regarder les gens qui passent.
5. J'aime bien bronzer à la plage / rouler en voiture / skier.

En regardant la vidéo

3 **Identifiez-les!** Match these images with their captions.

1. _____
2. _____
3. _____
4. _____

5. _____
6. _____
7. _____
8. _____

a. On fait un tour en bateau.
b. Ça, c'est la gare.
c. C'est un camping.
d. Voici la plage de Cassis.

e. C'est un hôtel de luxe.
f. Voici un café.
g. On achète des souvenirs.
h. C'est un hôtel modeste.

Video Activities: *Flash culture*

4 **Mettez-les dans l'ordre** In what order does Csilla mention these modes of transportation?

_____ a. le train

_____ b. l'autobus

_____ c. l'avion

_____ d. le taxi

_____ e. la voiture

_____ f. le car

5 **Répondez** Complete these sentences with words from the list according to what Csilla says in the video. Not all words will be used.

activités	autobus	car	manger	taxi
argent	avion	gares	région	TGV
auberges de jeunesse	bateau	gens	routière	verre

1. Pour arriver en Provence, il y a l'_____, ou un train spécial que les Français appellent le _____.

2. C'est une des deux _____ d'Aix-en-Provence où il y a des trains réguliers pour visiter la _____.

3. À la gare _____, on prend le _____ pour aller d'une ville à l'autre.

4. En ville, il y a l'_____ ou le _____.

5. Si vous n'avez pas beaucoup d'_____, il y a toujours des _____.

6. Il est très agréable de _____ dans les cafés ou de prendre un _____ à la terrasse d'un café ou d'un restaurant et de regarder les _____ passer.

Après la vidéo

6 **En vacances** Imagine that you are on vacation in Provence. Write a postcard to a friend or family member describing your trip. Tell where you've been and how you got there. Mention at least four different things you've seen or done.

_____

_____

_____

_____

_____

_____

_____

_____

Unité 8, Leçon 8A

CHEZ NOUS

Flash culture

Avant de regarder

1 **Les habitations** In this video, you are going to learn about housing in France. List as many different types of places to live as you can in French.

_____
_____
_____
_____
_____
_____
_____

2 **Chez moi** Complete these statements about your own home. Remember to use the correct article with each noun. Use words from the list or any other words you know.

appartement	garage	sous-sol
balcon	jardin	studio
cave	maison	terrasse
escalier	résidence universitaire	

1. J'habite dans _____.

2. Chez moi, il y a _____ et _____.

3. Il n'y a pas _____ chez moi.

4. À l'extérieur, il y a _____.

5. Avant, j'habitais dans _____.

6. Il y avait _____ et _____.

7. Il n'y avait pas _____.

8. À l'extérieur, il y avait _____.

En regardant la vidéo

3 **Mettez-les dans l'ordre** In what order does Benjamin mention these items?

_____ a. un balcon   _____ d. un garage

_____ b. une terrasse   _____ e. un jardin

_____ c. un sous-sol

4 **Chez soi** Match these images with their captions.

1.

2.

3.

4.

5.

_____ a. des maisons individuelles   _____ d. de grands immeubles

_____ b. des appartements   _____ e. des résidences pour les étudiants

_____ c. des HLM

5 **Complétez** Watch the video and complete the paragraphs below according to what Benjamin says.

1. Nous sommes dans la _____ d'Aix-en-Provence.

   C'est un _____ très pittoresque avec ses boutiques,

   ses restaurants et ses _____. Laissez-moi vous

   montrer différents types de _____.

2. Nous sommes maintenant dans la _____ où on

   trouve des _____ de toutes sortes. Par exemple,

   cette maison est assez _____.

Après la vidéo

6 **La maison de mes rêves** Describe your dream home. Tell where it is and what type of residence it is. Then describe its features in detail.

_____

_____

_____

_____

_____

_____

_____

_____

AUDIO ACTIVITIES
Unité 1
CONTEXTES

Leçon 1A

1   **Identifiez** You will hear six short exchanges. For each one, decide whether it is a greeting, an introduction, or a leave-taking. Mark the appropriate column with an **X**.

> **Modèle**
>
> *You hear:* **AUDREY** Bonjour, Laura!
> **LAURA** Salut, Audrey. Ça va?
> **AUDREY** Ça va bien, merci. Et toi?
> **LAURA** Pas mal.
> *You mark:* an **X** under *Greeting*

	Greeting	Introduction	Leave-taking
Modèle	_____	_____	_____
1.	_____	_____	_____
2.	_____	_____	_____
3.	_____	_____	_____
4.	_____	_____	_____
5.	_____	_____	_____
6.	_____	_____	_____

2   **Questions** Listen to each question or statement and respond with an answer from the list in your lab manual. Repeat the correct response after the speaker.

a. Enchanté(e).
b. À demain.

c. Je m'appelle Marie.
d. Il n'y a pas de quoi.

e. Comme ci, comme ça. Et toi?
f. Très bien, merci. Et vous?

3   **Associez** You will hear three conversations. Look at the drawings and write the number of the conversation under the appropriate group of people.

a. _____   b. _____   c. _____

Audio Activities

LES SONS ET LES LETTRES

The French alphabet

The French alphabet is made up of the same 26 letters as the English alphabet. While they look the same, some letters are pronounced differently. They also sound different when you spell.

lettre	exemple	lettre	exemple	lettre	exemple
a (a)	adresse	j (ji)	justice	s (esse)	spécial
b (bé)	banane	k (ka)	kilomètre	t (té)	table
c (cé)	carotte	l (elle)	lion	u (u)	unique
d (dé)	dessert	m (emme)	mariage	v (vé)	vidéo
e (e)	rebelle	n (enne)	nature	w (double vé)	wagon
f (effe)	fragile	o (o)	olive	x (iks)	xylophone
g (gé)	genre	p (pé)	personne	y (i grec)	yoga
h (hache)	héritage	q (ku)	quiche	z (zède)	zéro
i (i)	innocent	r (erre)	radio		

Notice that some letters in French words have accents. You'll learn how they influence pronunciation in later lessons. Whenever you spell a word in French, include the name of the accent after the letter. For double letters, use **deux** (**deux s**).

accent	nom	exemple	orthographe
´	*accent aigu*	identité	*I-D-E-N-T-I-T-E-accent aigu*
`	*accent grave*	problème	*P-R-O-B-L-E-accent grave-M-E*
^	*accent circonflexe*	hôpital	*H-O-accent circonflexe-P-I-T-A-L*
¨	*tréma*	naïve	*N-A-I-tréma-V-E*
¸	*cédille*	ça	*C-cédille-A*

1 **L'alphabet** Practice saying the French alphabet and example words aloud.

2 **Ça s'écrit comment?** Spell these words aloud in French.

1. judo
2. yacht
3. forêt
4. zèbre
5. existe
6. clown
7. numéro
8. français
9. musique
10. favorite
11. kangourou
12. parachute
13. différence
14. intelligent
15. dictionnaire
16. alphabet

3 **Dictons** Practice reading these sayings aloud.

1. Grande invitation, petites portions.
2. Tout est bien qui finit bien.

4 **Dictée** You will hear six people introduce themselves. Listen carefully and write the people's names as they spell them.

1. _____
2. _____
3. _____
4. _____
5. _____
6. _____

Audio Activities

STRUCTURES

1A.1 Nouns and articles

1 **Identifiez** You will hear a series of words. Decide whether the word is masculine or feminine, and mark the appropriate column with an **X**.

> **Modèle**
> You hear: librairie
> You mark: an **X** under **Féminin**

	Masculin	Féminin
Modèle	_____	_____X_____
1.	_____	_____
2.	_____	_____
3.	_____	_____
4.	_____	_____
5.	_____	_____
6.	_____	_____
7.	_____	_____
8.	_____	_____

2 **Changez** Change each word from the masculine to the feminine, or vice versa. Repeat the correct answer after the speaker. (*6 items*)

> **Modèle**
> un ami
> une amie

3 **Transformez** Change each word from the singular to the plural. Repeat the correct answer after the speaker. (*8 items*)

> **Modèle**
> un stylo
> des stylos

4 **La classe** What does Sophie see in Professor Martin's French class? Listen to what she says and write the missing words in your lab manual.

1. _____ bureaux

2. _____ professeur

3. _____ étudiants en _____

4. des _____

5. le _____

6. les _____

7. _____ télévision

8. des _____

Unité 1 Audio Activities   **117**

Audio Activities

1A.2 Numbers 0–60

1 **Bingo** You are going to play two games (**jeux**) of bingo. As you hear each number, mark it with an **X** on your bingo card.

Jeu 1		
2	17	35
26	52	3
15	8	29
7	44	13

Jeu 2		
18	12	16
34	9	25
0	56	41
27	31	58

2 **Numéros** You want to know everything about your friend Marc's new university. Write down his answers to your questions.

> **Modèle**
>
> *You see:* professeurs de littérature
> *You say:* Il y a des professeurs de littérature?
> *You hear:* Oui, il y a dix-huit professeurs de littérature.
> *You write:* 18

1. étudiants américains _____
2. ordinateurs dans la bibliothèque _____
3. télévision dans la classe de littérature _____
4. bureaux dans la classe de sociologie _____
5. tables dans le café _____
6. tableaux dans le bureau du professeur de français _____

3 **Les maths** You will hear a series of math problems. Write the missing numbers and solve the problems.

> **Modèle**
>
> Combien font deux plus trois?
> 2 + 3 = 5

plus = *plus* **moins** = *minus* **font** = *equals (makes)*

1. _____ + _____ = _____   5. _____ – _____ = _____
2. _____ – _____ = _____   6. _____ + _____ = _____
3. _____ + _____ = _____   7. _____ + _____ = _____
4. _____ – _____ = _____   8. _____ – _____ = _____

4 **Questions** Look at the drawing and answer each question you hear. Repeat the correct response after the speaker. (*5 items*)

Unité 1

CONTEXTES

1 Identifiez Look at the drawing and listen to the statement. Indicate whether each statement is **vrai** or **faux**.

	Vrai	Faux
1.	○	○
2.	○	○
3.	○	○
4.	○	○
5.	○	○
6.	○	○
7.	○	○
8.	○	○

2 Les contraires You will hear a list of masculine nouns. Write the number of the masculine noun next to its feminine counterpart.

_____ a. la femme

_____ b. une élève

_____ c. une camarade de classe

_____ d. la fille

_____ e. une étudiante

_____ f. madame

_____ g. l'actrice

_____ h. une copine

3 Professeur This professor needs to order new items at the bookstore. You will hear a series of questions. Look at the professor's list and answer each question. Then repeat the correct response after the speaker.

Liste

- 49 crayons
- 55 stylos
- 35 cahiers
- 31 livres
- 12 dictionnaires
- 18 cartes
- 5 corbeilles à papier
- 54 feuilles

Audio Activities

LES SONS ET LES LETTRES

Silent letters

Final consonants of French words are usually silent.

    français   sport   vous   salut

An unaccented -e (or -es) at the end of a word is silent, but the preceding consonant
is pronounced.

    française   américaine   oranges   japonaises

The consonants -c, -r, -f, and -l are usually pronounced at the ends of words. To remember these
exceptions, think of the consonants in the word careful.

    parc   bonjour   actif   animal
    lac   professeur   naïf   mal

1 Prononcez Practice saying these words aloud.

1. traditionnel	6. Monsieur	11. timide
2. étudiante	7. journalistes	12. sénégalais
3. généreuse	8. hôtel	13. objet
4. téléphones	9. sac	14. normal
5. chocolat	10. concert	15. importante

2 Articulez Practice saying these sentences aloud.

1. Au revoir, Paul. À plus tard!
2. Je vais très bien. Et vous, Monsieur Dubois?
3. Qu'est-ce que c'est? C'est une calculatrice.
4. Il y a un ordinateur, une table et une chaise.
5. Frédéric et Chantal, je vous présente Michel et Éric.
6. Voici un sac à dos, des crayons et des feuilles de papier.

3 Dictons Practice reading these sayings aloud.

1. Mieux vaut tard que jamais.
2. Aussitôt dit, aussitôt fait.

4 Dictée You will hear a conversation. Listen carefully and write what you hear during the pauses.
The entire conversation will then be repeated so you can check your work.

AMÉLIE _____

NICOLAS _____

AMÉLIE _____

NICOLAS _____

AMÉLIE _____

NICOLAS _____

AMÉLIE _____

Audio Activities

STRUCTURES

1B.1 The verb être

1 **Identifiez** For each drawing, you will hear two statements. Choose the one that corresponds to the drawing.

1. a.   b.   2. a.   b.   3. a.   b.   4. a.   b.

2 **Complétez** Listen to the following sentences and write the missing verb. Repeat the sentence.

1. Je _____ étudiante à Boston.

2. Mon amie Maéva _____ suisse.

3. Nous _____ des États-Unis.

4. Mes professeurs _____ intéressants.

5. Vous _____ Madame Dufour?

6. Tu _____ en retard (*late*).

3 **Questions** Answer each question you hear. Repeat the correct response after the speaker.

> **Modèle**
> *You hear:* Et toi?
> *You see:* timide
> *You say:* Je suis timide.

1. égoïste
2. intelligent
3. sincère
4. difficile
5. sociable

Audio Activities

1B.2 Adjective agreement

1 **Masculin ou féminin?** Change each sentence from the masculine to the feminine or vice versa. Repeat the correct answer after the speaker. (*6 items*)

> **Modèle**
>
> L'homme est français.
> La *femme est française.*

2 **Singulier ou pluriel?** Change each sentence from the singular to the plural and vice versa. Repeat the correct answer after the speaker. (*6 items*)

> **Modèle**
>
> Le garçon est sympathique.
> **Les garçons sont sympathiques.**

3 **Mes camarades de classe** Describe these people using the cues in your lab manual. Repeat the correct response after the speaker.

> **Modèle**
>
> *You hear:* Anissa
> *You see:* amusant
> *You say:* Anissa est amusante.

1. intelligent   5. élégant
2. patient   6. sociable
3. égoïste   7. poli
4. optimiste   8. différent

4 **Complétez** Listen to the following description and write the missing words in your lab manual.

Brigitte (1) _____ (2) _____. Elle et Paul, un

(3) _____, (4) _____ étudiants à (5) _____

de Laval. Ils (6) _____ (7) _____. Paul est étudiant

en (8) _____ et Brigitte, en (9) _____

(10) _____. Dans le cours de français, il y a des (11) _____

et des (12) _____; il y a aussi une (13) _____ et une

(14) _____. Les étudiants sont très (15) _____,

(16) _____ et (17) _____.

Unité 2

CONTEXTES

1 **Classifiez** Indicate whether each word you hear is a person (**personne**), a course (**cours**), an object (**objet**), or a place (**endroit**).

	personne	cours	objet	endroit
1.	_____	_____	_____	_____
2.	_____	_____	_____	_____
3.	_____	_____	_____	_____
4.	_____	_____	_____	_____
5.	_____	_____	_____	_____
6.	_____	_____	_____	_____
7.	_____	_____	_____	_____
8.	_____	_____	_____	_____

2 **Décrivez** For each drawing you will hear two statements. Choose the one that corresponds to the drawing.

     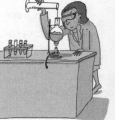

1. a.   b.   2. a.   b.   3. a.   b.   4. a.   b.

3 **Les cours** You will hear six people talking about their favorite topics. Decide which classes they attend.

1. _____   a. chimie

2. _____   b. psychologie

3. _____   c. philosophie

4. _____   d. géographie

5. _____   e. stylisme

6. _____   f. histoire

Audio Activities

LES SONS ET LES LETTRES

Liaisons

Consonants at the end of French words are generally silent, but are usually pronounced when the word that follows begins with a vowel sound. This linking of sounds is called a liaison.

À tout à l'heure!   Comment allez-vous?

An **s** or an **x** in a liaison sounds like the letter *z*.

les étudiants   trois élèves   six élèves   deux hommes

Always make a liaison between a subject pronoun and a verb that begins with a vowel sound; always make a liaison between an article and a noun that begins with a vowel sound.

nous aimons   ils ont   un étudiant   les ordinateurs

Always make a liaison between **est** (a form of **être**) and a word that begins with a vowel or a vowel sound. Never make a liaison with the final consonant of a proper name.

Robert est anglais.   Paris est exceptionnelle.

Never make a liaison with the conjunction **et** (*and*).

Carole et Hélène   Jacques et Antoinette

Never make a liaison between a singular noun and an adjective that follows it.

un cours horrible   un instrument élégant

1 **Prononcez** Practice saying these words and expressions aloud.

1. un examen	4. dix acteurs	7. des informations	10. Bernard aime
2. des étudiants	5. Paul et Yvette	8. les études	11. chocolat italien
3. les hôtels	6. cours important	9. deux hommes	12. Louis est

2 **Articulez** Practice saying these sentences aloud.

1. Nous aimons les arts.   4. Sylvie est avec Anne.
2. Albert habite à Paris.   5. Ils adorent les deux universités.
3. C'est un objet intéressant.

3 **Dictons** Practice reading these sayings aloud.

1. Les amis de nos amis sont nos amis.   2. Un hôte non invité doit apporter son siège.

4 **Dictée** You will hear a conversation. Listen carefully and write what you hear during the pauses. The entire conversation will then be repeated so you can check your work.

ANNE _____

PATRICK _____

ANNE _____

PATRICK _____

ANNE _____

PATRICK _____

Audio Activities

STRUCTURES

2A.1 Present tense of regular -er verbs

1 Transformez Describe what you and your friends do using the cues in your lab manual. Repeat the correct response after the speaker.

> **Modèle**
>
> _You hear:_ Édouard
> _You see:_ manger à la cantine
> _You say:_ Édouard mange à la cantine.

1. adorer la mode (_fashion_)
2. détester les examens
3. étudier à la bibliothèque
4. retrouver des amis au café
5. aimer mieux la philosophie
6. penser que la chimie est difficile

2 Changez Listen to the following statements. Using the cues you hear, say that these people do the same activities. Repeat the correct answer after the speaker. (_8 items_)

> **Modèle**
>
> J'étudie l'architecture. (Charles)
> _Charles étudie l'architecture._

3 Choisissez Listen to each statement and choose the most logical response.

1. a. Nous mangeons.
   b. Vous mangez.
2. a. Vous travaillez.
   b. Ils travaillent.
3. a. Nous regardons la télé.
   b. Nous dessinons la télé.
4. a. Tu habites à Paris.
   b. J'habite à Paris.
5. a. Elle aime travailler ici.
   b. Elles aiment travailler ici.
6. a. Tu adores parler.
   b. Tu détestes parler.

4 Regardez Listen to each statement and write the number of the statement below the drawing it describes.

a. _____ b. _____ c. _____ d. _____

Audio Activities

2A.2 Forming questions and expressing negation

1 **Mes camarades de classe** You want to know about your classmates, so you ask your friend Simon questions with **est-ce que** using the cues in your lab manual. Repeat the correct question after the speaker.

> **Modèle**
> *You hear:* parler en cours
> *You see:* Bertrand
> *You say:* Est-ce que Bertrand parle en cours?

1. Émilie   3. Antoine et Ahmed   5. Sophie et toi
2. toi   4. Pierre-Étienne   6. Sara et Maude

2 **Questions** You want to know about your classmates, so you ask your friend Guillaume questions with inversion using the cues in your lab manual. Repeat the correct question after the speaker.

> **Modèle**
> *You hear:* chercher un livre
> *You see:* Catherine
> *You say:* Catherine cherche-t-elle un livre?

1. toi   3. Michel et toi   5. le professeur
2. Marie   4. Martin   6. vous

3 **Répondez** Answer each question in the negative. Repeat the correct response after the speaker. (*6 items*)

> **Modèle**
> Est-ce que tu habites en France?
> Non, je n'habite pas en France.

4 **Complétez** Listen to the conversation between Mathilde and David. Answer the questions in your lab manual.

1. Est-ce que Mathilde aime les maths?

_____

2. Pourquoi est-ce qu'elle déteste la biologie?

_____

3. Est-ce qu'il y a des étudiants sympas?

_____

4. Est-ce que le professeur de physique est ennuyeux?

_____

5. Y a-t-il des étudiants stupides dans la classe de David?

_____

Audio Activities

Unité 2

CONTEXTES

1 **L'emploi du temps** You will hear a series of statements. Look at Élisabeth's schedule and indicate whether the statements are **vrai** or **faux**.

	lundi	mardi	mercredi	jeudi	vendredi	samedi	dimanche
matin	cours de français		téléphoner à Florence		cours de français		
après-midi		examen de maths		cours de danse		visiter Tours avec Carole	
soir	préparer examen de maths		dîner avec Christian			dîner en famille	dîner en famille

	Vrai	Faux		Vrai	Faux
1.	○	○	5.	○	○
2.	○	○	6.	○	○
3.	○	○	7.	○	○
4.	○	○	8.	○	○

2 **Quel jour?** Olivier is never sure what day of the week it is. Respond to his questions saying that it is the day before the one he mentions. Then repeat the correct answer after the speaker. (*6 items*)

> **Modèle**
> Aujourd'hui, c'est mercredi, n'est-ce pas?
> Non, aujourd'hui, *c'est mardi.*

3 **Complétez** Listen to this description and write the missing words in your lab manual.

Je (1) _____ Nathalie et j' (2) _____ en Californie.

J' (3) _____ le français et j' (4) _____ la grammaire à

l'Alliance française. Les étudiants (5) _____ un peu. Ils

(6) _____ des vidéos et ils (7) _____ des CD. Ils

(8) _____ beaucoup mais ils (9) _____ la classe amusante.

Après le cours, les étudiants et moi, nous (10) _____ dans un restaurant français.

Audio Activities

LES SONS ET LES LETTRES

The letter r

The French r is very different from the English r. The English r is pronounced by placing the tongue in the middle and toward the front of the mouth. The French r is pronounced in the throat.

You have seen that an **-er** at the end of a word is usually pronounced **-ay**, as in the English word _way_, but without the glide sound.

       chant**er**   mang**er**   expliqu**er**   aim**er**

In most other cases, the French **r** has a very different sound. Pronunciation of the French **r** varies according to its position in a word. Note the different ways the **r** is pronounced in these words.

       rivière   littérature   ordinateur   devoir

If an **r** falls between two vowels or before a vowel, it is pronounced with slightly more friction.

       rare   garage   Europe   rose

An **r** sound before a consonant or at the end of a word is pronounced with slightly less friction.

       porte   bourse   adore   jour

1   **Prononcez**   Practice saying the following words aloud.

1. crayon	5. terrible	9. rentrer	13. être
2. professeur	6. architecture	10. regarder	14. dernière
3. plaisir	7. trouver	11. lettres	15. arriver
4. différent	8. restaurant	12. réservé	16. après

2   **Articulez**   Practice saying the following sentences aloud.

1. Au revoir, Professeur Colbert!
2. Rose arrive en retard mardi.
3. Mercredi, c'est le dernier jour des cours.
4. Robert et Roger adorent écouter la radio.
5. La corbeille à papier, c'est quarante-quatre euros!
6. Les parents de Richard sont brillants et très agréables.

3   **Dictons**   Practice reading these sayings aloud.

1. Qui ne risque rien n'a rien.
2. Quand le renard prêche, gare aux oies.

4   **Dictée**   You will hear six sentences. Each will be read twice. Listen carefully and write what you hear.

1. _____

2. _____

3. _____

4. _____

5. _____

6. _____

Audio Activities

STRUCTURES

2B.1 Present tense of avoir

1 **Question d'opinion** People don't always do what they should. Say what they have to do. Repeat the correct answer after the speaker. (*6 items*)

> **Modèle**
> Lucie ne mange pas le matin.
> *Lucie a besoin de manger le matin.*

2 **Changez** Form a new sentence using the cue you hear. Repeat the correct answer after the speaker. (*6 items*)

> **Modèle**
> J'ai sommeil. (nous)
> *Nous avons sommeil.*

3 **Répondez** Answer each question you hear using the cues in your lab manual. Repeat the correct answer after the speaker.

> **Modèle**
> Tu as chaud? (non)
> *Non, je n'ai pas chaud.*

1. oui   3. non   5. non
2. non   4. oui   6. non

4 **Choisissez** Listen to each situation and choose the appropriate expression. Each situation will be read twice.

1. a. Elle a honte.   b. Elle a de la chance.
2. a. J'ai tort.   b. J'ai raison.
3. a. Il a peur.   b. Il a froid.
4. a. Nous avons chaud.   b. Nous avons sommeil.
5. a. Vous avez de la chance.   b. Vous avez l'air gentil.
6. a. Ils ont envie.   b. Ils ont tort.

Audio Activities

2B.2 Telling time

1 **L'heure** Look at the clock and listen to the statement. Indicate whether the statement is **vrai** or **faux**.

1. vrai ○   2. vrai ○   3. vrai ○   4. vrai ○   5. vrai ○   6. vrai ○
   faux ○   faux ○   faux ○   faux ○   faux ○   faux ○

2 **Quelle heure est-il?** Your friends want to know the time. Answer their questions using the cues in your lab manual. Repeat the correct response after the speaker.

> **Modèle**
> *You hear:* Quelle heure est-il?
> *You see:* 2:15 p.m.
> *You say:* Il *est deux heures et quart de l'après-midi.*

1. 10:25 a.m.   3. 7:45 p.m.   5. 9:15 a.m.   7. 5:20 p.m.
2. 12:10 a.m.   4. 3:30 p.m.   6. 10:50 p.m.   8. 12:30 p.m.

3 **À quelle heure?** You are trying to plan your class schedule. Ask your counselor what time these classes meet and write the answer.

> **Modèle**
> *You see:* le cours de géographie
> *You say:* À *quelle heure est le cours de géographie?*
> *You hear:* Il est à neuf heures et demie du matin.
> *You write:* 9:30 *a.m.*

1. le cours de biologie _____   4. le cours d'allemand _____

2. le cours d'informatique _____   5. le cours de chimie _____

3. le cours de maths _____   6. le cours de littérature _____

4 **Les trains** Your friend is in Paris and plans to go to the Riviera. He wants to know the train schedule. Using the 24-hour clock, answer his questions using the cues in your lab manual. Repeat the correct response after the speaker.

> **Modèle**
> *You hear:* À quelle heure est le dernier train pour Nice?
> *You see:* 7:30 p.m.
> *You say:* Il *est à dix-neuf heures trente.*

1. 9:05 p.m.   3. 10:30 a.m.   5. 12:23 p.m.
2. 8:15 a.m.   4. 5:25 p.m.   6. 10:27 p.m.

Audio Activities

Unité 3

CONTEXTES

1 **Qui est-ce?** You will hear some questions. Look at the family tree and give the correct answer to each question.

La famille Martin

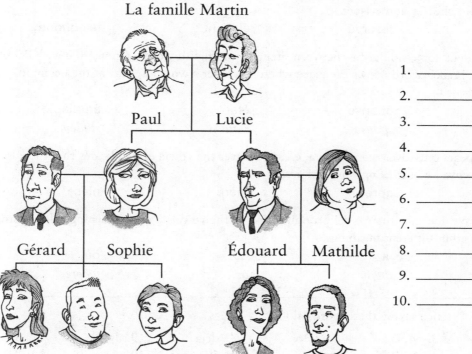

Paul   Lucie

Gérard   Sophie   Édouard   Mathilde

Lise   Tristan   Antoine   Myriam   Jérôme

1. _____
2. _____
3. _____
4. _____
5. _____
6. _____
7. _____
8. _____
9. _____
10. _____

2 **La famille Martin** Lise's new friend just met her family and wants to verify the various relationships. Look at the family tree in **Activité 1,** and answer the questions. Repeat the answer after the speaker. (*6 items*)

> **Modèle**
> Paul est le frère de Gérard, n'est-ce pas?
> Non, Paul est le beau-père de Gérard.

3 **Complétez** Listen to this story and write the missing words in your lab manual.

Je m'appelle Julien. Mes (1) _____ sont divorcés. J'habite avec ma

(2) _____ et ma (3) _____. Nous partageons une maison avec le

(4) _____ de ma (5) _____. Mon (6) _____ et ma

(7) _____ ont trois (8) _____. Mon (9) _____ s'appelle

Simon et mes (10) _____ s'appellent Coralie et Sixtine. Mon

(11) _____ est marié et ma (12) _____ s'appelle Sabine. J'ai un

(13) _____ Théophile.

LES SONS ET LES LETTRES

L'accent aigu and l'accent grave

In French, diacritical marks (accents) are an essential part of a word's spelling. They indicate how vowels are pronounced or distinguish between words with similar spellings but different meanings. **L'accent aigu** (´) appears only over the vowel **e**. It indicates that the **e** is pronounced similarly to the vowel *a* in the English word *cake* but shorter and crisper.

étudier	réservé	élégant	téléphone

L'accent aigu also signals some similarities between French and English words. Often, an **e** with **l'accent aigu** at the beginning of a French word marks the place where the letter *s* would appear at the beginning of the English equivalent.

éponge	épouse	état	étudiante
sponge	*spouse*	*state*	*student*

L'accent grave (`) appears only over the vowels **a**, **e**, and **u**. Over the vowel **e**, it indicates that the **e** is pronounced like the vowel *e* in the English word *pet*.

très	après	mère	nièce

Although **l'accent grave** does not change the pronunciation of the vowels *a* or *u*, it distinguishes words that have a similar spelling but different meanings.

la	là	ou	où
the	*there*	*or*	*where*

---

1 Prononcez Practice saying these words aloud.

1. agréable   3. voilà   5. frère   7. déjà   9. lycée   11. là
2. sincère   4. faculté 6. à   8. éléphant 10. poème 12. élève

---

2 Articulez Practice saying these sentences aloud.

1. À tout à l'heure!
2. Thérèse, je te présente Michèle.
3. Hélène est très sérieuse et réservée.
4. Voilà mon père, Frédéric, et ma mère, Ségolène.
5. Tu préfères étudier à la fac demain après-midi?

---

3 Dictons Practice saying these sayings aloud.

1. Tel père, tel fils.
2. À vieille mule, frein doré.

---

4 Dictée You will hear eight sentences. Each will be said twice. Listen carefully and write what you hear.

1. _____
2. _____
3. _____
4. _____
5. _____
6. _____
7. _____
8. _____

Audio Activities

STRUCTURES

3A.1 Descriptive adjectives

1 **Féminin ou masculin?** Change each sentence from the masculine to the feminine or vice versa. Repeat the correct answer after the speaker. (6 *item*s)

> *Modèle*
> L'oncle de Marie est français.
> La *tante de Marie est française.*

2 **Singulier ou pluriel?** Change each sentence from singular to plural and vice versa. Repeat the correct answer after the speaker. (6 *items*)

> *Modèle*
> L'élève est jeune.
> Les *élèves sont jeunes.*

3 **Mes camarades de classe** Describe your classmates using the cues in your lab manual. Repeat the correct answer after the speaker.

> *Modèle*
> *You hear:* Jeanne
> *You see:* petit
> *You say:* Jeanne est petite.

1. brun
2. roux
3. beau
4. sympathique

5. grand et gros
6. heureux et intelligent
7. bon et naïf
8. nouveau

4 **La famille Dumoulin** Look at the picture of the Dumoulin family. Listen to these statements and decide whether each statement is **vrai** or **faux**.

	Vrai	Faux
1.	○	○
2.	○	○
3.	○	○
4.	○	○
5.	○	○
6.	○	○
7.	○	○
8.	○	○

Audio Activities

3A.2 Possessive adjectives

1 **Identifiez** Listen to each statement and mark an **X** in the column for the correct translation of the possessive adjective you hear.

> **Modèle**
>
> *You hear:* C'est mon professeur de français.
> *You mark:* an **X** under *my*

	my	your (familiar)	your (formal)	his/her	our	their
Modèle	X					
1.						
2.						
3.						
4.						
5.						
6.						
7.						
8.						

2 **Choisissez** Listen to each question and choose the most logical answer.

1. a. Oui, ton appartement est grand.
   b. Non, mon appartement n'est pas grand.
2. a. Oui, nous habitons avec nos parents.
   b. Non, nous n'habitons pas avec vos parents.
3. a. Oui, c'est ton cousin.
   b. Oui, c'est son cousin.
4. a. Oui, leurs parents rentrent à 10 heures ce soir.
   b. Oui, nos parents rentrent à 10 heures ce soir.
5. a. Non, ma sœur n'étudie pas la chimie.
   b. Non, sa sœur n'étudie pas la chimie.
6. a. Oui, leur nièce est au Brésil.
   b. Oui, ma nièce est au Brésil.
7. a. Non, leurs amis ne sont pas ici.
   b. Non, nos amis ne sont pas ici.
8. a. Oui, leurs grands-parents sont italiens.
   b. Oui, nos grands-parents sont italiens.

3 **Questions** Answer each question you hear in the affirmative using the appropriate possessive adjective. Repeat the correct response after the speaker. (*6 items*)

> **Modèle**
>
> C'est ton ami?
> *Oui, c'est mon ami.*

Unité 3

CONTEXTES

Leçon 3B

---

1   **Logique ou illogique?** Listen to these statements and indicate whether they are **logique** or **illogique**.

	Logique	Illogique			Logique	Illogique
1.	○	○		5.	○	○
2.	○	○		6.	○	○
3.	○	○		7.	○	○
4.	○	○		8.	○	○

---

2   **Associez** Circle the words that are logically associated with each word you hear.

1. actif   sportif   faible
2. drôle   pénible   antipathique
3. cruel   mauvais   gentil
4. modeste   intelligent   prêt
5. favori   lent   homme d'affaires
6. architecte   fou   ennuyeux

---

3   **Professions** Listen to each statement and write the number of the statement below the photo it describes. There are more statements than there are photos.

a. _____   b. _____   c. _____

d. _____   e. _____

Audio Activities

LES SONS ET LES LETTRES

L'accent circonflexe, la cédille, and le tréma

L'accent circonflexe (ˆ) can appear over any vowel.

pâté   prêt   aîné   drôle   croûton

L'accent circonflexe is also used to distinguish between words with similar spellings but different meanings.

mûr   **mur**   **sûr**   **sur**
ripe   *wall*   *sure*   *on*

L'accent circonflexe indicates that a letter, frequently an *s*, has been dropped from an older spelling. For this reason, l'accent circonflexe can be used to identify French cognates of English words.

hospital → hôpital   forest → forêt

La cédille (ˏ) is only used with the letter **c**. A **c** with a **cédille** is pronounced with a soft **c** sound, like the *s* in the English word *yes*. Use a **cédille** to retain the soft **c** sound before an **a**, **o**, or **u**. Before an **e** or an **i**, the letter **c** is always soft, so a **cédille** is not necessary.

garçon   français   ça   leçon

Le tréma (¨) is used to indicate that two vowel sounds are pronounced separately. It is always placed over the second vowel.

égoïste   naïve   Noël   Haïti

1 **Prononcez** Practice saying these words aloud.

  1. naïf   3. châtain   5. français   7. théâtre   9. égoïste
  2. reçu   4. âge   6. fenêtre   8. garçon   10. château

2 **Articulez** Practice saying these sentences aloud.

  1. Comment ça va?   4. C'est un garçon cruel et égoïste.
  2. Comme ci, comme ça.   5. J'ai besoin d'être reçu(e) à l'examen.
  3. Vous êtes française, Madame?   6. Caroline, ma sœur aînée, est très drôle.

3 **Dictons** Practice reading these sayings aloud.

  1. Impossible n'est pas français.
  2. Plus ça change, plus c'est la même chose.

4 **Dictée** You will hear six sentences. Each will be read twice. Listen carefully and write what you hear.

  1. _____
  2. _____
  3. _____
  4. _____
  5. _____
  6. _____

Audio Activities

3B.1 Numbers 61–100

1 **Numéros de téléphone** You are at a party and you meet some new people. You want to see them again but you don't have their telephone numbers. Ask them what their phone numbers are and write their answers.

> **Modèle**
>
> *You see:* Julie
> *You say:* Quel est ton numéro de téléphone, Julie?
> *You hear:* C'est le zéro un, vingt-trois, trente-huit, quarante-trois, cinquante-deux.
> *You write:* 01.23.38.43.52

1. Chloé _____   5. Lolita _____
2. Justin _____   6. Yannis _____
3. Ibrahim _____   7. Omar _____
4. Cassandre _____ 8. Sara _____

2 **Inventaire** You and your co-worker are taking an inventory at the university bookstore. Answer your co-worker's questions using the cue in your lab manual. Repeat the correct response after the speaker.

> **Modèle**
>
> *You hear:* Il y a combien de livres de français?
> *You see:* 61
> *You say:* Il y a soixante et un livres de français.

1. 71	3. 87	5. 62	7. 83
2. 92	4. 94	6. 96	8. 66

3 **Message** Listen to this telephone conversation and complete the phone message in your lab manual with the correct information.

MESSAGE TÉLÉPHONIQUE

Pour: _____

De: _____

Téléphone: _____

Message: _____

_____

Audio Activities

3B.2 Prepositions of location

1 **Décrivez** Look at the drawing and listen to each statement. Indicate whether each statement is vrai or faux.

	Vrai	Faux
1.	○	○
2.	○	○
3.	○	○
4.	○	○
5.	○	○
6.	○	○
7.	○	○
8.	○	○

2 **Où est...?** Using the drawing from **Activité 1** and the cues in your lab manual, say where these items are located. Repeat the correct response after the speaker.

> **Modèle**
>
> *You see:* entre
> *You hear:* le cahier
> *You say:* Le cahier est entre les crayons et les livres.

1. à côté de   3. en face de   5. devant   7. derrière
2. à droite de   4. près de   6. sur   8. à gauche de

3 **Complétez** Listen to the conversation and correct these statements.

1. Francine habite chez ses parents.

_____

2. La résidence est près des salles de classe.

_____

3. Le gymnase est loin de la résidence.

_____

4. La bibliothèque est derrière le café.

_____

5. Le cinéma est en face du café.

_____

6. Le resto U est derrière la bibliothèque.

_____

Audio Activities

Unité 4

CONTEXTES

Leçon 4A

1 **Choisissez** Listen to each question and choose the most logical answer.

1. a. Non, je ne nage pas.
   b. Oui, elle mange à la piscine.
2. a. Oui, j'ai très faim.
   b. Non, il mange au restaurant.
3. a. Non, elle est au bureau.
   b. Oui, elle adore aller au centre commercial.
4. a. Non, il est absent.
   b. Non, ils sont absents.
5. a. Oui, ils ont une maison en banlieue.
   b. Non, ils sont au musée.
6. a. Oui, elle va à la montagne.
   b. Oui, elle danse beaucoup.
7. a. Oui, on va passer.
   b. Non, nous ne sommes pas chez nous ici.
8. a. Non, je n'aime pas aller en ville.
   b. Non, ils sont trop jeunes.

2 **Les lieux** You will hear six people describe what they are doing. Choose the place that corresponds to the activity.

1. _____   a. au café
2. _____   b. au musée
3. _____   c. au centre commercial
4. _____   d. à la bibliothèque
5. _____   e. au gymnase
6. _____   f. au restaurant

3 **Décrivez** You will hear two statements for each drawing. Choose the one that corresponds to the drawing.

1. a.   b.   2. a.   b.   3. a.   b.   4. a.   b.

LES SONS ET LES LETTRES

Oral vowels

French has two basic kinds of vowel sounds: oral vowels, the subject of this discussion, and nasal vowels, presented in **Leçon 4B**. Oral vowels are produced by releasing air through the mouth. The pronunciation of French vowels is consistent and predictable.

In short words (usually two-letter words), **e** is pronounced similarly to the *a* in the English word *about*.

le   **que**   **ce**   **de**

The letter **a** alone is pronounced like the a in *father*.

la   **ça**   **ma**   **ta**

The letter **i** by itself and the letter **y** are pronounced like the vowel sound in the word *bee*.

ici   **livre**   **stylo**   **lycée**

The letter combination **ou** sounds like the vowel sound in the English word *who*.

vous   **nous**   **ou**blier   **écouter**

The French **u** sound does not exist in English. To produce this sound, say *ee* with your lips rounded.

tu   **du**   **une**   **étudier**

1   Prononcez Répétez les mots suivants à voix haute.

1. je
2. chat
3. fou
4. ville
5. utile
6. place
7. jour
8. triste
9. mari
10. active
11. Sylvie
12. rapide
13. gymnase
14. antipathique
15. calculatrice
16. piscine

2   Articulez Répétez les phrases suivantes à voix haute.

1. Salut, Luc. Ça va?
2. La philosophie est difficile.
3. Brigitte est une actrice fantastique.
4. Suzanne va à son cours de physique.
5. Tu trouves le cours de maths facile?
6. Viviane a une bourse universitaire.

3   Dictons Répétez les dictons à voix haute.

1. Qui va à la chasse perd sa place.
2. Plus on est de fous, plus on rit.

4   Dictée You will hear eight sentences. Each will be read twice. Listen carefully and write what you hear.

1. _____
2. _____
3. _____
4. _____
5. _____
6. _____
7. _____
8. _____

Audio Activities

STRUCTURES

4A.1 The verb aller

1 **Identifiez** Listen to each statement and mark an **X** in the column of the subject of the verb you hear.

> *Modèle*
>
> *You hear:* Il ne va pas au cours de mathématiques
> aujourd'hui.
> *You mark:* an **X** under **il**

	je	tu	il/elle/on	nous	vous	ils/elles
Modèle			X			
1.						
2.						
3.						
4.						
5.						
6.						
7.						
8.						

2 **Où vont-ils?** Describe where these people are going using the cue in your lab manual. Repeat the correct answer after the speaker.

> *Modèle*
>
> *You hear:* Samuel
> *You see:* marché
> *You say:* Samuel va au marché.

1. épicerie
2. parc
3. magasin
4. église
5. hôpital
6. café
7. montagne
8. centre-ville

3 **Transformez** Change each sentence from the present to the immediate future. Repeat the correct answer after the speaker. (*6 items*)

> *Modèle*
>
> Régine bavarde avec sa voisine.
> *Régine va bavarder avec sa voisine.*

4 **Présent ou futur?** Listen to each statement and indicate if the sentence is in the present or the immediate future.

	Présent	Futur proche		Présent	Futur proche
1.	○	○	5.	○	○
2.	○	○	6.	○	○
3.	○	○	7.	○	○
4.	○	○	8.	○	○

Audio Activities

4A.2 Interrogative words

1 **Logique ou illogique?** You will hear some questions and responses. Decide if they are **logique** or **illogique**.

	Logique	Illogique		Logique	Illogique
1.	○	○	5.	○	○
2.	○	○	6.	○	○
3.	○	○	7.	○	○
4.	○	○	8.	○	○

2 **Questions** Answer each question you hear using the cue in your lab manual. Repeat the correct answer after the speaker. (6 *items*)

> **Modèle**
> *You hear:* Pourquoi est-ce que
>   tu ne vas pas au café?
> *You see:* aller travailler
> *You say:* Parce que je vais travailler.

1. chez lui
2. avec sa cousine
3. Bertrand
4. à un journaliste
5. absent
6. sérieux

3 **Questions** Listen to each answer and ask the question that prompted the answer. Repeat the correct question after the speaker. (6 *items*)

> **Modèle**
> *You hear:* Grégoire va au bureau.
> *You say:* Où va Grégoire?

4 **Conversation** Listen to the conversation and answer the questions.

1. Pourquoi est-ce que Pauline aime son nouvel appartement?

_____

2. Où est cet appartement?

_____

3. Comment est la propriétaire?

_____

4. Combien de personnes travaillent au musée?

_____

Audio Activities

Unité 4

CONTEXTES

---

1 **Associez** Circle the words that are logically associated with each word you hear.

1. frites   baguette   limonade
2. table   sandwich   pourboire
3. beurre   addition   serveur
4. morceau   coûter   soif
5. verre   tasse   sucre
6. plusieurs   soupe   apporter

2 **Logique ou illogique?** Listen to these statements and indicate whether they are **logique** or **illogique**.

	Logique	Illogique		Logique	Illogique
1.	O	O	5.	O	O
2.	O	O	6.	O	O
3.	O	O	7.	O	O
4.	O	O	8.	O	O

3 **Décrivez** Listen to each sentence and write the number of the sentence on the line pointing to the food or drink mentioned.

a. _____   c. _____

b. _____   d. _____

4 **Complétez** Listen to this story and write the missing words in your lab manual.

Bonjour, je m'appelle Raymond. J'aime les journées (1) _____ *La Rotonde*, près

de chez moi. Le matin, je commence un livre avec un bon café au (2) _____.

Le midi, j'adore être à la terrasse. Je mange un sandwich (3) _____ ou jambon

(4) _____. Quand j'ai froid, j'aime mieux (5) _____.

L'après-midi, je (6) _____ avec les (7) _____. Ils sont

sympas, alors je laisse toujours un bon (8) _____.

Audio Activities

LES SONS ET LES LETTRES

Nasal vowels

When vowels are followed by an **m** or an **n** in a single syllable, they usually become nasal vowels. Nasal vowels are produced by pushing air through both the mouth and the nose.

The nasal vowel sound you hear in **français** is usually spelled **an** or **en**.

    an   fr**an**çais   **en**ch**an**té   **en**f**an**t

The nasal vowel sound you hear in **bien** may be spelled **en, in, im, ain,** or **aim.** The nasal vowel sound you hear in **brun** may be spelled **un** or **um.**

    exam**en**   améric**ain**   l**un**di   parf**um**

The nasal vowel sound you hear in **bon** is spelled **on** or **om.**

    t**on**   all**ons**   c**om**bien   **on**cle

When **m** or **n** is followed by a vowel sound, the preceding vowel is not nasal.

    image   inutile   ami   amour

1   **Prononcez** Répétez les mots suivants à voix haute.

1. blond	5. garçon	9. quelqu'un	13. impatient
2. dans	6. avant	10. différent	14. rencontrer
3. faim	7. maison	11. amusant	15. informatique
4. entre	8. cinéma	12. télévision	16. comment

2   **Articulez** Répétez les phrases suivantes à voix haute.

1. Mes parents ont cinquante ans.
2. Tu prends une limonade, Martin?
3. Le Printemps est un grand magasin.
4. Lucien va prendre le train à Montauban.
5. Pardon, Monsieur, l'addition s'il vous plaît!
6. Jean-François a les cheveux bruns et les yeux marron.

3   **Dictons** Répétez les dictons à voix haute.

1. L'appétit vient en mangeant.
2. N'allonge pas ton bras au-delà de ta manche.

4   **Dictée** You will hear eight sentences. Each will be read twice. Listen carefully and write what you hear.

1. _____
2. _____
3. _____
4. _____
5. _____
6. _____
7. _____
8. _____

Audio Activities

STRUCTURES

4B.1 The verbs prendre and boire; Partitives

1 **Identifiez** Listen to each statement and mark an **X** in the column of the verb you hear.

> **Modèle**
> *You hear:* Nous n'allons pas apprendre
>   le chinois cette année.
> *You mark:* an **X** under **apprendre**

	apprendre	prendre	comprendre	boire
Modèle	X			
1.				
2.				
3.				
4.				
5.				
6.				
7.				
8.				

2 **Décrivez** You will hear two statements for each drawing. Choose the one that corresponds to the drawing.

1. a.   b.   2. a.   b.   3. a.   b.   4. a.   b.

3 **Choisissez** Listen to each question and choose the most logical answer.

1. a. Non, elle n'a pas faim.
   b. Non, elle n'a pas soif.
2. a. Parce qu'il n'a pas de jambon.
   b. Parce que je prends aussi un chocolat.
3. a. Je ne prends pas de sucre.
   b. Oui, avec du sucre et un peu de lait.
4. a. Non, je n'aime pas le pain.
   b. Non, je prends du pain.

5. a. Oui, ils prennent ça tous les jours.
   b. Non, ils n'aiment pas le café.
6. a. Je bois un café.
   b. Je prends un éclair au café.
7. a. Quand elles ont soif.
   b. Non, elles n'ont pas soif.
8. a. Pourquoi pas.
   b. Oui, tout de suite.

Audio Activities

4B.2 Regular -ir verbs

1 **Changez** Form a new sentence using the cue you hear as the subject. Repeat the correct answer after the speaker. (*8 items*)

> **Modèle**
> Je finis tous les devoirs de français. (nous)
> **Nous finissons tous les devoirs de français.**

2 **Répondez** Answer each question you hear using the cue in your lab manual. Repeat the correct response after the speaker.

> **Modèle**
> *You hear:* Qui choisit le gâteau au chocolat?
> *You see:* mes parents
> *You say:* **Mes parents choisissent le gâteau au chocolat.**

1. dix heures   3. il fait chaud (*it's hot*)   5. Béatrice et Julie
2. non   4. oui   6. oui

3 **Logique ou illogique?** Listen to each statement and indicate if it is **logique** or **illogique**.

	Logique	Illogique			Logique	Illogique
1.	○	○		5.	○	○
2.	○	○		6.	○	○
3.	○	○		7.	○	○
4.	○	○		8.	○	○

4 **Conversation** Listen to Antoine and Léa's conversation and answer the questions.

1. Pourquoi est-ce que Léa est heureuse? _____

2. Est-ce qu'elle va réussir ses examens? _____

3. Quel restaurant choisissent-ils? _____

4. Que prend Antoine à manger? _____

5. Antoine a-t-il peur de grossir? _____

6. Pourquoi Léa choisit-elle de prendre une salade? _____

Audio Activities

Unité 5

CONTEXTES

Leçon 5A

1 **Identifiez** You will hear a series of words. Write the word that does not belong in each series.

1. _____   5. _____

2. _____   6. _____

3. _____   7. _____

4. _____   8. _____

2 **Choisissez** Listen to each question and choose the most logical answer.

1. a. Oui, le lundi et le vendredi.
   b. Non, je déteste les bandes dessinées.

2. a. Chez mes parents.
   b. Rarement.

3. a. Avec mon ami.
   b. Une fois par mois.

4. a. Nous jouons pour gagner.
   b. Nous jouons surtout le soir.

5. a. Oui, j'aime le cinéma.
   b. J'aime mieux le golf.

6. a. Non, ils ne travaillent pas.
   b. Ils bricolent beaucoup.

7. a. Oui, son équipe est numéro un.
   b. Oui, c'est son passe-temps préféré.

8. a. Oui, ils jouent aujourd'hui.
   b. Il n'y a pas de spectacle.

3 **Les lieux** You will hear a couple describing their leisure activities on a typical weekend day. Write each activity in the appropriate space.

	la femme	l'homme
le matin	_____	_____
à midi	_____	_____
l'après-midi	_____	_____
le soir	_____	_____

LES SONS ET LES LETTRES

Intonation

In short, declarative sentences, the pitch of your voice, or intonation, falls on the final word or syllable.

Nathalie est française.   **Hector joue au football.**

In longer, declarative sentences, intonation rises, then falls.

À trois heures et demie, j'ai sciences politiques.

In sentences containing lists, intonation rises for each item in the list and falls on the last syllable of the last one.

Martine est jeune, blonde et jolie.

In long, declarative sentences, such as those containing clauses, intonation may rise several times, falling on the final syllable.

Le samedi, à dix heures du matin, je vais au centre commercial.

Questions that require a yes or no answer have rising intonation. Information questions have falling intonation.

C'est ta mère?   **Est-ce qu'elle joue au tennis?**

Quelle heure est-il?   **Quand est-ce que tu arrives?**

---

1 **Prononcez** Répétez les phrases suivantes à voix haute.

1. J'ai dix-neuf ans.
2. Tu fais du sport?
3. Quel jour sommes-nous?
4. Sandrine n'habite pas à Paris.
5. Quand est-ce que Marc arrive?
6. Charlotte est sérieuse et intellectuelle.

---

2 **Articulez** Répétez les dialogues à voix haute.

1. —Qu'est-ce que c'est?
   —C'est un ordinateur.
2. —Tu es américaine?
   —Non, je suis canadienne.
3. —Qu'est-ce que Christine étudie?
   —Elle étudie l'anglais et l'espagnol.
4. —Où est le musée?
   —Il est en face de l'église.

---

3 **Dictons** Répétez les dictons à voix haute.

1. Si le renard court, le poulet a des ailes.
2. Petit à petit, l'oiseau fait son nid.

---

4 **Dictée** You will hear eight sentences. Each will be read twice. Listen carefully and write what you hear.

1. _____
2. _____
3. _____
4. _____
5. _____
6. _____
7. _____
8. _____

Audio Activities (side tab)

STRUCTURES

5A.1 The verb **faire**

1   **Identifiez** Listen to each statement and mark an **X** in the column of the verb form you hear.

> **Modèle**
> *You hear:* François ne fait pas de sport.
> *You mark:* an **X** under **fait**

	fais	fait	faisons	faites	font
Modèle	_____	X	_____	_____	_____
1.	_____	_____	_____	_____	_____
2.	_____	_____	_____	_____	_____
3.	_____	_____	_____	_____	_____
4.	_____	_____	_____	_____	_____
5.	_____	_____	_____	_____	_____
6.	_____	_____	_____	_____	_____
7.	_____	_____	_____	_____	_____
8.	_____	_____	_____	_____	_____

2   **Conjuguez** Form a new sentence using the cue you hear as the subject. Repeat the correct response after the speaker. (*6 items*)

> **Modèle**
> *You hear:* Je ne fais jamais la cuisine. (vous)
> *You say:* Vous ne faites jamais la cuisine.

3   **Complétez** You will hear the subject of a sentence. Complete the sentence using a form of **faire** and the cue in your lab manual. Repeat the correct response after the speaker.

> **Modèle**
> *You hear:* Mon cousin
> *You see:* vélo
> *You say:* Mon cousin fait du vélo.

1. baseball   3. cuisine   5. randonnée
2. camping   4. jogging   6. ski

4   **Complétez** Listen to this story and write the missing verbs in your lab manual.

Je m'appelle Aurélien. Ma famille et moi sommes très sportifs. Mon père (1) _____ du ski de

compétition. Il (2) _____ aussi de la randonnée en montagne avec mon oncle. Ma mère

(3) _____ du cheval. Son frère et sa sœur (4) _____ du foot. Mon grand frère et moi

(5) _____ du volley à l'école et de la planche à voile. Je (6) _____ aussi du tennis. Ma

sœur et notre cousine (7) _____ du golf. Et vous, que (8) _____-vous comme sport?

5A.2 Irregular -ir verbs

1 **Conjuguez** Form a new sentence using the cue you hear as the subject. Repeat the correct answer after the speaker.

> **Modèle**
> *You hear:* Vous ne dormez pas! (tu)
> *You say:* Tu ne dors pas!

1. (nous)   2. (toi et ton frère)   3. (ils)   4. (mon chat)   5. (les sandwichs)   6. (leurs chevaux)

2 **Identifiez** Listen to each sentence and write the infinitive of the verb you hear.

> **Modèle**
> *You hear:* L'équipe court au stade Grandjean.
> *You write:* courir

1. _____   5. _____
2. _____   6. _____
3. _____   7. _____
4. _____   8. _____

3 **Questions** Answer each question you hear using the cue in your lab manual. Repeat the correct answer after the speaker.

> **Modèle**
> *You hear:* Avec qui tu cours aujourd'hui?
> *You see:* Sarah
> *You say:* Je cours avec Sarah.

1. chez ma tante   2. plus tard   3. les enfants   4. mon ami   5. le chocolat   6. une demi-heure

4 **Les activités** Listen to each statement and write the number of the statement below the drawing it describes. There are more statements than there are drawings.

a. _____

b. _____

c. _____

d. _____

e. _____

f. _____

Audio Activities

Unité 5
Leçon 5B

CONTEXTES

1 **Le temps** Listen to each statement and write the number of the statement below the drawing it describes. There are more statements than there are drawings.

a. _____

b. _____

c. _____

d. _____

2 **Identifiez** You will hear a series of words. Write the word that does not belong in each series.

1. _____ 4. _____

2. _____ 5. _____

3. _____ 6. _____

3 **Questions** Answer each question you hear using the cues in your lab manual. Repeat the correct response after the speaker.

> **Modèle**
>
> *You hear:* Qu'est-ce qu'on va faire cet été?
> *You see:* faire du camping et une randonnée
> *You say: Cet été, on va faire du camping et une randonnée.*

1. au printemps
2. le 1er février
3. aller souvent au cinéma
4. aimer bricoler
5. aller à un spectacle
6. l'été

LES SONS ET LES LETTRES

Open vs. closed vowels: Part 1

You have already learned that é is pronounced like the vowel *a* in the English word *cake*. This is a closed e sound.

| étudiant | agréable | nationalité | enchanté |

The letter combinations -er and -ez at the end of a word are pronounced the same way, as is the vowel sound in single-syllable words ending in -es.

| travailler | avez | mes | les |

The vowels spelled è and ê are pronounced like the vowel in the English word *pet*, as is an e followed by a double consonant. These are open e sounds.

| répète | première | pêche | italienne |

The vowel sound in *pet* may also be spelled et, ai, or ei.

| secret | français | fait | seize |

Compare these pairs of words. To make the vowel sound in *cake*, your mouth should be slightly more closed than when you make the vowel sound in *pet*.

| mes | mais | ces | cette | théâtre | thème |

1 Prononcez Répétez les mots suivants à voix haute.

1. thé
2. lait
3. belle
4. été
5. neige
6. aider
7. degrés
8. anglais
9. cassette
10. discret
11. treize
12. mauvais

2 Articulez Répétez les phrases suivantes à voix haute.

1. Hélène est très discrète.
2. Céleste achète un vélo laid.
3. Il neige souvent en février et en décembre.
4. Désirée est canadienne; elle n'est pas française.

3 Dictons Répétez les dictons à voix haute.

1. Péché avoué est à demi pardonné.
2. Qui sème le vent récolte la tempête.

4 Dictée You will hear eight sentences. Each will be read twice. Listen carefully and write what you hear.

1. _____
2. _____
3. _____
4. _____
5. _____
6. _____
7. _____
8. _____

Audio Activities

STRUCTURES

5B.1 Numbers 101 and higher

1 **Calcul** Listen carefully and choose the result that corresponds to each equation.

_____ a. 1.031   _____ e. 500.000

_____ b. 901   _____ f. 200

_____ c. 4.300   _____ g. 3

_____ d. 459   _____ h. 333

2 **Les prix** Listen to each statement and write the correct price next to each object.

1. le téléphone: _____ €

2. la maison: _____ €

3. l'équipe de baseball: _____ €

4. les cours de tennis: _____ €

5. une randonnée à cheval d'une semaine: _____ €

6. l'ordinateur: _____ €

3 **Le sport** Look at the number of members of sporting clubs in France. Listen to these statements and decide whether each statement is **vrai** or **faux**.

	Nombre de membres
basket-ball	427.000
football	2.066.000
golf	325.000
handball	319.000
judo	577.000
natation	214.000
rugby	253.000
tennis	1.068.000

	Vrai	Faux
1.	○	○
2.	○	○
3.	○	○
4.	○	○
5.	○	○
6.	○	○

4 **Questions** Answer each question you hear using the cue in your lab manual. Repeat the correct response after the speaker.

Modèle

You hear: Combien de personnes pratiquent la natation en France?

You see: 214.000

You say: Deux cent quatorze mille personnes pratiquent la natation en France.

1. 371
2. 880
3. 101
4. 412
5. 1.630
6. 129

Audio Activities

5B.2 Spelling change -er verbs

1 **Décrivez** You will hear two statements for each drawing. Choose the one that corresponds to the drawing.

1. a. _____ b. _____ 2. a. _____ b. _____ 3. a. _____ b. _____ 4. a. _____ b. _____

2 **Conjuguez** Form a new sentence using the cue you hear as the subject. Repeat the correct response after the speaker. (*6 items*)

> **Modèle**
> *You hear:* Vous ne payez pas maintenant? (tu)
> *You say:* Tu ne payes/paies pas maintenant?

3 **Transformez** Change each sentence from the immediate future to the present. Repeat the correct answer after the speaker. (*6 items*)

> **Modèle**
> *You hear:* Ils vont envoyer leurs papiers.
> *You say:* Ils *envoient* leurs papiers.

4 **Identifiez** Listen to each sentence and write the infinitive of the verb you hear.

> **Modèle**
> *You hear:* Monique promène le chien de sa sœur.
> *You write:* promener

1. _____ 5. _____

2. _____ 6. _____

3. _____ 7. _____

4. _____ 8. _____

Audio Activities

Unité 6

CONTEXTES

1 **Logique ou illogique?** You will hear some statements. Decide if each one is **logique** or **illogique**.

	Logique	Illogique		Logique	Illogique
1.	○	○	5.	○	○
2.	○	○	6.	○	○
3.	○	○	7.	○	○
4.	○	○	8.	○	○

2 **Choisissez** For each drawing you will hear three statements. Choose the one that corresponds to the drawing.

1. a.   b.   c.   2. a.   b.   c.   3. a.   b.   c.   4. a.   b.   c.

3 **L'anniversaire** Listen as Véronique talks about a party she has planned. Then answer the questions in your lab manual.

1. Pour qui Véronique organise-t-elle une fête?

_____

2. Quand est cette fête?

_____

3. Pourquoi est-ce qu'on organise cette fête?

_____

4. Qui Véronique invite-t-elle?

_____

5. Qui achète le cadeau?

_____

6. Qui apporte de la musique?

_____

7. Le gâteau est à quoi?

_____

8. Qu'est-ce que les invités vont faire à la fête?

_____

Audio Activities

LES SONS ET LES LETTRES

Open vs. closed vowels: Part 2

The letter combinations **au** and **eau** are pronounced like the vowel sound in the English word *coat*, but without the glide heard in English. These are closed o sounds.

| ch**au**d | **au**ssi | b**eau**coup | tabl**eau** |

When the letter o is followed by a consonant sound, it is usually pronounced like the vowel in the English word *raw*. This is an open o sound.

| h**o**mme | téléph**o**ne | **o**rdinateur | **o**range |

When the letter o occurs as the last sound of a word or is followed by a *z* sound, such as a single **s** between two vowels, it is usually pronounced with the closed o sound.

| tr**o**p | hér**o**s | r**o**se | ch**o**se |

When the letter o has an **accent circonflexe**, it is usually pronounced with the closed o sound.

| dr**ô**le | bient**ô**t | p**ô**le | c**ô**té |

---

1 **Prononcez** Répétez les mots suivants à voix haute.

1. rôle
2. porte
3. dos
4. chaud
5. prose
6. gros
7. oiseau
8. encore
9. mauvais
10. nouveau
11. restaurant
12. bibliothèque

---

2 **Articulez** Répétez les phrases suivantes à voix haute.

1. En automne, on n'a pas trop chaud.
2. Aurélie a une bonne note en biologie.
3. Votre colocataire est d'origine japonaise?
4. Sophie aime beaucoup l'informatique et la psychologie.
5. Nos copains mangent au restaurant marocain aujourd'hui.
6. Comme cadeau, Robert et Corinne vont préparer un gâteau.

---

3 **Dictons** Répétez les dictons à voix haute.

1. Tout nouveau, tout beau.
2. La fortune vient en dormant.

---

4 **Dictée** You will hear six sentences. Each will be read twice. Listen carefully and write what you hear.

1. _____
2. _____
3. _____
4. _____
5. _____
6. _____

Audio Activities

STRUCTURES

6A.1 Demonstrative adjectives

1 **La fête** You are at a party. Listen to what the guests have to say about the party, and mark an **X** in the column of the demonstrative adjective you hear.

Modèle

> *You hear:* J'adore ces petits gâteaux au chocolat.
> *You mark:* an **X** under **ces**

	ce	cet	cette	ces
Modèle				X
1.				
2.				
3.				
4.				
5.				
6.				
7.				
8.				

2 **Changez** Form a sentence using the cue you hear. Repeat the correct answer after the speaker. (6 *items*)

Modèle

> des biscuits
> Je vais acheter *ces biscuits.*

3 **Transformez** Form a new sentence using the cue in your lab manual. Repeat the correct response after the speaker.

Modèle

> *You hear:* J'aime ces bonbons.
> *You see:* fête
> *You say:* J'aime *cette* fête.

1. dessert 3. hôte 5. eaux minérales
2. glace 4. mariage 6. sandwich

4 **Demandez** Answer each question you hear in the negative. Repeat the correct answer after the speaker. (6 *items*)

Modèle

> Tu aimes cette glace?
> Non, je n'aime pas *cette glace-ci*, j'aime *cette glace-là.*

6A.2 The passé composé with avoir

1   **Identifiez**   Listen to each sentence and decide whether the verb is in the **présent** or the **passé composé**. Mark an **X** in the appropriate column.

> **Modèle**
>
> *You hear:* Tu as fait tout ça?
> *You mark:* an **X** under **passé composé**

	présent	passé composé
Modèle	_____	X
1.	_____	_____
2.	_____	_____
3.	_____	_____
4.	_____	_____
5.	_____	_____
6.	_____	_____
7.	_____	_____
8.	_____	_____

2   **Changez**   Change each sentence from the **présent** to the **passé composé**. Repeat the correct answer after the speaker. (*8 items*)

> **Modèle**
>
> J'apporte la glace.
> J'ai *apporté la glace.*

3   **Questions**   Answer each question you hear using the cue in your lab manual. Repeat the correct response after the speaker.

> **Modèle**
>
> *You hear:* Où as-tu acheté ce gâteau?
> *You see:* au marché
> *You say:* J'ai *acheté ce gâteau au marché.*

1. avec Élisabeth	3. oui	5. non	7. oui
2. Marc et Audrey	4. non	6. oui	8. Christine et Alain

4   **C'est prêt?**   Listen to this conversation between Virginie and Caroline. Make a list of what is already done and a list of what still needs to be prepared.

Est déjà préparé _____

_____

N'est pas encore préparé _____

_____

Audio Activities

Unité 6

CONTEXTES

Leçon 6B

Audio Activities

1 Logique ou illogique? Listen to each statement and indicate if it is **logique** or **illogique**.

	Logique	Illogique		Logique	Illogique
1.	○	○	5.	○	○
2.	○	○	6.	○	○
3.	○	○	7.	○	○
4.	○	○			

2 Choisissez Listen as each person talks about the clothing he or she needs to buy, then choose the activity for which the clothing would be appropriate.

1. a. voyager en été   b. faire du ski en hiver
2. a. marcher à la montagne   b. aller à la piscine l'été
3. a. faire de la planche à voile b. faire du jogging
4. a. aller à l'opéra   b. jouer au golf
5. a. partir en voyage   b. faire une randonnée
6. a. faire une promenade   b. faire de l'aérobic

3 Questions Respond to each question saying the opposite. Repeat the correct answer after the speaker. (6 *items*)

Modèle

Cette écharpe est-elle longue?
Non, *cette écharpe est courte.*

4 Quelle couleur? Respond to each question using the cues in your lab manual. Repeat the correct answer after the speaker.

Modèle

You hear: De quelle couleur est cette chemise?
You see: vert
You say: Cette chemise est verte.

1. gris   2. bleu   3. violet   4. marron   5. blanc   6. jaune

5 Décrivez You will hear some questions. Look at the drawing and write the answer to each question.

Sylvie   Corinne

_____

_____

_____

_____

LES SONS ET LES LETTRES

Open vs. closed vowels: Part 3

The letter combination eu can be pronounced two different ways, open and closed. Compare the pronunciation of the vowel sounds in these words.

cheveux   neveu   heure   meilleur

When eu is followed by a pronounced consonant, it has an open sound. The open eu sound does not exist in English. To pronounce it, say è with your lips only slightly rounded.

peur   jeune   chanteur   beurre

The letter combination œu is usually pronounced with an open eu sound.

sœur   bœuf   œuf   chœur

When eu is the last sound of a syllable, it has a closed vowel sound, similar to the vowel sound in the English word *full*. While this exact sound does not exist in English, you can make the closed eu sound by saying é with your lips rounded.

deux   bleu   peu   mieux

When eu is followed by a z sound, such as a single s between two vowels, it is usually pronounced with the closed eu sound.

chanteuse   généreuse   sérieuse   curieuse

1 Prononcez Répétez les mots suivants à voix haute.

1. leur	4. vieux	7. monsieur	10. tailleur
2. veuve	5. curieux	8. coiffeuse	11. vendeuse
3. neuf	6. acteur	9. ordinateur	12. couleur

2 Articulez Répétez les phrases suivantes à voix haute.

1. Le professeur Heudier a soixante-deux ans.
2. Est-ce que Matthieu est jeune ou vieux?
3. Monsieur Eustache est un chanteur fabuleux.
4. Eugène a les yeux bleus et les cheveux bruns.

3 Dictons Répétez les dictons à voix haute.

1. Qui vole un œuf, vole un bœuf.
2. Les conseilleurs ne sont pas les payeurs.

4 Dictée You will hear four sentences. Each will be read twice. Listen carefully and write what you hear.

1. _____

2. _____

3. _____

4. _____

Audio Activities

STRUCTURES

6B.1 Indirect object pronouns

1 **Choisissez** Listen to each question and choose the most logical response.

1. a. Oui, je lui ai montré ma robe.
   b. Oui, je leur ai montré ma robe.
2. a. Oui, je leur ai envoyé un cadeau.
   b. Oui, je vous ai envoyé un cadeau.
3. a. Non, je ne leur ai pas téléphoné.
   b. Non, je ne lui ai pas téléphoné.
4. a. Oui, nous allons leur donner cette cravate.
   b. Oui, nous allons lui donner cette cravate.
5. a. Non, il ne m'a pas prêté sa moto.
   b. Non, il ne t'a pas prêté sa moto.
6. a. Oui, ils vous ont répondu.
   b. Oui, ils nous ont répondu.

2 **Transformez** Aurore has been shopping. Say for whom she bought these items using indirect object pronouns. Repeat the correct answer after the speaker. (*6 items*)

Modèle

Aurore achète un livre à Audrey.
Aurore lui *achète un livre.*

3 **Questions** Answer each question you hear using the cue in your lab manual. Repeat the correct response after the speaker.

Modèle

You hear: Tu poses souvent des questions à
    tes parents?
You see: oui
You say: Oui, je leur *pose souvent des questions.*

1. non
2. une écharpe
3. des gants
4. non
5. non
6. à 8 heures

Audio Activities

6B.2 Regular and irregular -re verbs

1 **Identifiez** Listen to each sentence and write the infinitive form of the verb you hear.

> **Modèle**
> *You hear:* L'enfant sourit à ses parents.
> *You write:* sourire

1. _____   5. _____
2. _____   6. _____
3. _____   7. _____
4. _____   8. _____

2 **Changez** Form a new sentence using the cue you hear as the subject. Repeat the sentence after the speaker. (*6 items*)

> **Modèle**
> *You hear:* Elle attend le bus. (nous)
> *You say:* Nous attendons le bus.

3 **Répondez** Answer each question you hear using the cue in your lab manual. Repeat the correct answer after the speaker.

> **Modèle**
> *You hear:* Quel jour est-ce que tu rends visite à tes parents?
> *You see:* le dimanche
> *You say:* Je rends visite à mes parents le dimanche.

1. non   3. oui   5. le mois dernier
2. une robe   4. non   6. trois

4 **Complétez** Listen to this description and write the missing words.

Le mercredi, je (1) _____ à mes grands-parents. Je ne (2) _____ pas, je prends le train. Je (3) _____ à Soissons, où mes grands-parents (4) _____. Quand ils (5) _____ le train arriver, ils (6) _____. Nous rentrons chez eux; nous ne (7) _____ pas de temps et nous déjeunons tout de suite. L'après-midi passe vite et il est déjà l'heure de reprendre le train. Je (8) _____ à mes grands-parents de leur (9) _____ bientôt. Ils ne (10) _____ pas non plus, alors j'appelle un taxi pour aller prendre mon train.

Audio Activities

Unité 7

CONTEXTES

Leçon 7A

1 **Identifiez** You will hear a series of words. Write the word that does not belong to each series.

1. _____   5. _____

2. _____   6. _____

3. _____   7. _____

4. _____   8. _____

2 **Décrivez** For each drawing you will hear two statements. Choose the one that corresponds to the drawing.

1. a.   b.   2. a.   b.   3. a.   b.

3 **À l'agence** Listen to the conversation between Éric and a travel agent. Then read the statements in your lab manual and decide whether they are **vrai** or **faux**.

	Vrai	Faux
1. Éric pense partir en vacances une semaine.	◯	◯
2. Éric aime skier et jouer au golf.	◯	◯
3. Pour Éric, la campagne est une excellente idée.	◯	◯
4. Éric préfère la mer.	◯	◯
5. Il n'y a pas de plage en Corse.	◯	◯
6. Éric prend ses vacances la dernière semaine de juin.	◯	◯
7. Le vol de retour pour l'aéroport d'Ajaccio est le 9 juin.	◯	◯
8. Le billet d'avion aller-retour coûte 120 euros.	◯	◯

Unité 7 Audio Activities

LES SONS ET LES LETTRES

Diacriticals for meaning

Some French words with different meanings have nearly identical spellings except for a diacritical mark (**accent**). Sometimes a diacritical does not affect pronunciation at all.

ou	où	a	**à**
or	*where*	*has*	*to, at*

Sometimes, you can clearly hear the difference between the words.

côte	côt**é**	sale	sal**é**
coast	*side*	*dirty*	*salty*

Very often, two similar-looking words are different parts of speech. Many similar-looking word pairs are those with and without an -é at the end.

âge	âg**é**	entre	entr**é** (entrer)
age (n.)	*elderly* (adj.)	*between* (prep.)	*entered* (p.p.)

In such instances, context should make their meaning clear.

Tu as quel **âge**?	C'est un homme **âgé**.
How old are you? / What is your age?	*He's an elderly man.*

1 **Prononcez** Répétez les mots suivants à voix haute.

1. la (*the*)   là (*there*)   3. jeune (*young*)   jeûne (*fasting*)
2. êtes (*are*)   étés (*summers*)   4. pêche (*peach*)   pêché (*fished*)

2 **Articulez** Répétez les phrases suivantes à voix haute.

1. J'habite dans une ferme (*farm*).   3. Est-ce que tu es prête?
   Le magasin est fermé (*closed*).   J'ai prêté ma voiture à Marcel.
2. Les animaux mangent du maïs (*corn*).   4. La lampe est à côté de la chaise.
   Je suis suisse, mais il est belge.   J'adore la côte ouest de la France.

3 **Dictons** Répétez les dictons à voix haute.

1. À vos marques, prêts, partez!
2. C'est un prêté pour un rendu.

4 **Dictée** You will hear six sentences. Each will be said twice. Listen carefully and write what you hear.

1. _____
2. _____
3. _____
4. _____
5. _____
6. _____

Audio Activities (side tab)

STRUCTURES

7A.1 The passé composé with être

1 **Choisissez** Listen to each sentence and indicate whether the verb is conjugated with **avoir** or **être**.

	avoir	être
1.	○	○
2.	○	○
3.	○	○
4.	○	○
5.	○	○
6.	○	○
7.	○	○
8.	○	○

2 **Changez** Change each sentence from the **présent** to the **passé composé**. Repeat the correct answer after the speaker. (*8 items*)

> **Modèle**
> Vous restez au Québec trois semaines.
> *Vous êtes resté(e)(s) au Québec trois semaines.*

3 **Questions** Answer each question you hear using the cue in your lab manual. Repeat the correct response after the speaker.

> **Modèle**
> *You hear:* Qui est parti en vacances avec toi?
> *You see:* Caroline
> *You say:* Caroline est partie en vacances avec moi.

1. au Canada
2. non
3. mercredi
4. par la Suisse et par l'Italie
5. trois jours
6. oui

4 **Ça va?** Listen to Patrick and Magali and answer the questions in your lab manual.

1. Est-ce que Patrick est fatigué? _____

2. Avec qui Magali est-elle sortie? _____

3. Où sont-ils allés? _____

4. Qui Magali a-t-elle rencontré? _____

5. Qu'ont-ils fait ensuite? _____

6. À quelle heure Magali est-elle rentrée chez elle? _____

Audio Activities

7A.2 Direct object pronouns

1 **Choisissez** Listen to each question and choose the most logical answer.

1. a. Oui, je la regarde.
   b. Oui, je les regarde.
2. a. Non, je ne l'ai pas.
   b. Non, je ne les ai pas.
3. a. Non, je ne l'attends pas.
   b. Non, je ne t'attends pas.
4. a. Oui, nous vous écoutons.
   b. Oui, nous les écoutons.
5. a. Oui, je l'ai appris.
   b. Oui, je les ai appris.
6. a. Oui, ils vont te chercher.
   b. Oui, ils vont nous chercher.
7. a. Oui, je vais les acheter.
   b. Oui, je vais l'acheter.
8. a. Oui, je l'ai acheté.
   b. Oui, je les ai achetés.

2 **Changez** Restate each sentence you hear using a direct object pronoun. Repeat the correct answer after the speaker. (*8 items*)

Modèle

Nous regardons la télévision.
Nous la regardons.

3 **Répondez** Answer each question you hear using the cue in your lab manual. Repeat the correct answer after the speaker.

Modèle

Qui va t'attendre à la gare? (mes parents)
Mes parents vont m'attendre à la gare.

1. au marché   3. oui   5. sur Internet
2. ce matin   4. midi   6. oui

4 **Questions** Answer each question you hear in the negative. Repeat the correct response after the speaker. (*6 items*)

Modèle

Est-ce que vos grands-parents vous ont attendus?
Non, ils ne nous ont pas attendus.

Audio Activities

Unité 7

CONTEXTES

Leçon 7B

1 **Identifiez** You will hear a series of words. Write the word that does not belong in each series.

1. _____   5. _____

2. _____   6. _____

3. _____   7. _____

4. _____   8. _____

2 **La réception** Look at the drawing and listen to each statement. Then decide if the statement is **vrai** or **faux**.

	Vrai	Faux
1.	○	○
2.	○	○
3.	○	○
4.	○	○
5.	○	○
6.	○	○
7.	○	○
8.	○	○

3 **Complétez** Listen to this description and write the missing words in your lab manual.

Pour les étudiants, les (1) _____ sont très bon marché quand ils ont envie de

voyager. Généralement, elles ont de grandes (2) _____ avec trois, quatre ou cinq

(3) _____. C'est très sympa quand vous partez (4) _____

avec vos amis. Les auberges sont souvent petites et il faut faire des (5) _____.

Dans ma ville, l'auberge a une toute petite (6) _____, vingt chambres et trois

(7) _____. Il n'y a pas d' (8) _____.

Audio Activities

LES SONS ET LES LETTRES

ti, sti, and ssi

The letters **ti** followed by a consonant are pronounced like the English word *tea*, but without the puff released in the English pronunciation.

ac**ti**f	pe**ti**t	**ti**gre	u**ti**les

When the letter combination **ti** is followed by a vowel sound, it is often pronounced like the sound linking the English words *miss you*.

dic**ti**onnaire	pa**ti**ent	ini**ti**al	addi**ti**on

Regardless of whether it is followed by a consonant or a vowel, the letter combination **sti** is pronounced *stee*, as in the English word *steep*.

ge**sti**on	que**sti**on	Séba**sti**en	arti**sti**que

The letter combination **ssi** followed by another vowel or a consonant is usually pronounced like the sound linking the English words *miss you*.

pa**ssi**on	expre**ssi**on	mi**ssi**on	profe**ssi**on

Words that end in **-sion** or **-tion** are often cognates with English words, but they are pronounced quite differently. In French, these words are never pronounced with a *sh* sound.

compre**ssi**on	na**ti**on	atten**ti**on	addi**ti**on

1 Prononcez Répétez les mots suivants à voix haute.

1. artiste
2. mission
3. réservation
4. impatient
5. position
6. initiative
7. possession
8. nationalité
9. compassion
10. possible

2 Articulez Répétez les phrases suivantes à voix haute.

1. L'addition, s'il vous plaît.
2. Christine est optimiste et active.
3. Elle a fait une bonne première impression.
4. Laëtitia est impatiente parce qu'elle est fatiguée.
5. Tu cherches des expressions idiomatiques dans le dictionnaire.

3 Dictons Répétez les dictons à voix haute.

1. De la discussion jaillit la lumière.
2. Il n'est de règle sans exception.

4 Dictée You will hear six sentences. Each will be said twice. Listen carefully and write what you hear.

1. _____
2. _____
3. _____
4. _____
5. _____
6. _____

STRUCTURES

7B.1 Adverbs

1 Complétez Listen to each statement and circle the word or phrase that best completes it.

1. a. couramment   b. faiblement   c. difficilement
2. a. gentiment   b. fortement   c. joliment
3. a. rapidement   b. malheureusement   c. lentement
4. a. constamment   b. brillamment   c. utilement
5. a. rapidement   b. fréquemment   c. patiemment
6. a. activement   b. franchement   c. nerveusement

2 Changez Form a new sentence by changing the adjective in your lab manual to an adverb. Repeat the correct answer after the speaker.

> **Modèle**
> _You hear:_ Julie étudie.
> _You see:_ sérieux
> _You say:_ Julie étudie sérieusement.

1. poli
2. rapide
3. différent
4. courant
5. patient
6. prudent

3 Répondez Answer each question you hear in the negative, using the cue in the lab manual. Repeat the correct answer after the speaker.

> **Modèle**
> _You hear:_ Ils vont très souvent au cinéma?
> _You see:_ rarement
> _You say:_ Non, ils vont rarement au cinéma.

1. mal
2. tard
3. rarement
4. méchamment
5. vite
6. facilement

Audio Activities

7B.2 Formation of the **imparfait**

1 **Identifiez** Listen to each sentence and circle the verb tense you hear.

1. a. présent   b. imparfait   c. passé composé
2. a. présent   b. imparfait   c. passé composé
3. a. présent   b. imparfait   c. passé composé
4. a. présent   b. imparfait   c. passé composé
5. a. présent   b. imparfait   c. passé composé
6. a. présent   b. imparfait   c. passé composé
7. a. présent   b. imparfait   c. passé composé
8. a. présent   b. imparfait   c. passé composé
9. a. présent   b. imparfait   c. passé composé
10. a. présent   b. imparfait   c. passé composé

2 **Changez** Form a new sentence using the cue you hear. Repeat the correct answer after the speaker. (*6 items*)

> **Modèle**
>
> Je dînais à huit heures. (nous)
> Nous dînions à huit heures.

3 **Répondez** Answer each question you hear using the cue in your lab manual. Then repeat the correct response after the speaker.

> **Modèle**
>
> *You hear:* Qu'est-ce que tu faisais quand tu avais 15 ans?
> *You see:* aller au lycée Condorcet
> *You say:* J'allais au lycée Condorcet.

1. jouer au tennis avec François
2. aller à la mer près de Cannes
3. étudier à la bibliothèque de l'université
4. sortir au restaurant avec des amis
5. finir nos devoirs et regarder la télé
6. sortir le chien et jouer au foot
7. partir skier dans les Alpes
8. sortir avec des amis et aller au cinéma

Audio Activities

Unité 8

Leçon 8A

CONTEXTES

---

1 **Décrivez** Listen to each sentence and write its number below the drawing of the household item mentioned.

a. _____

b. _____

c. _____

d. _____

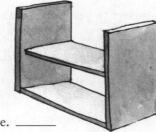

e. _____

f. _____

---

2 **Identifiez** You will hear a series of words. Write the word that does not belong in each series.

1. _____   5. _____

2. _____   6. _____

3. _____   7. _____

4. _____   8. _____

---

3 **Logique ou illogique?** You will hear some statements. Decide if they are **logique** or **illogique**.

	Logique	Illogique		Logique	Illogique
1.	◯	◯	5.	◯	◯
2.	◯	◯	6.	◯	◯
3.	◯	◯	7.	◯	◯
4.	◯	◯	8.	◯	◯

LES SONS ET LES LETTRES

s and ss

You've already learned that an **s** at the end of a word is usually silent.

    lavabo**s**   copain**s**   va**s**   placard**s**

An **s** at the beginning of a word, before a consonant, or after a pronounced consonant is pronounced like the _s_ in the English word _set_.

    soir   **s**alon   **s**tudio   ab**s**olument

A double _s_ is pronounced like the _ss_ in the English word _kiss_.

    gro**ss**e   a**ss**ez   intére**ss**ant   rou**ss**e

An **s** at the end of a word is often pronounced when the following word begins with a vowel sound. An **s** in a liaison sounds like a _z_, like the _s_ in the English word _rose_.

    trè**s** élégant   troi**s** hommes

The other instance where the French **s** has a _z_ sound is when there is a single **s** between two vowels within the same word. The **s** is pronounced like the _s_ in the English word _music_.

    mu**s**ée   amu**s**ant   oi**s**eau   be**s**oin

These words look alike, but have different meanings. Compare the pronunciations of each word pair.

    poi**s**on   poi**ss**on   dé**s**ert   de**ss**ert

1 Prononcez Répétez les mots suivants à voix haute.

1. sac
2. triste
3. suisse
4. chose
5. bourse
6. passer
7. surprise
8. assister
9. magasin
10. expressions
11. sénégalaise
12. sérieusement

2 Articulez Répétez les phrases suivantes à voix haute.

1. Le spectacle est très amusant et la chanteuse est superbe.
2. Est-ce que vous habitez dans une résidence universitaire?
3. De temps en temps, Suzanne assiste à l'inauguration d'expositions au musée.
4. Heureusement, mes professeurs sont sympathiques, sociables et très sincères.

3 Dictons Répétez les dictons à voix haute.

1. Si jeunesse savait, si vieillesse pouvait.
2. Les oiseaux de même plumage s'assemblent sur le même rivage.

4 Dictée You will hear six sentences. Each will be said twice. Listen carefully and write what you hear.

1. _____
2. _____
3. _____
4. _____
5. _____
6. _____

STRUCTURES

8A.1 The passé composé vs. the imparfait (Part 1)

1   **Identifiez**   Listen to each sentence in the past tense and indicate which category best describes it.

1. a. habitual action   b. specific completed action   c. description of a physical/mental state
2. a. habitual action   b. specific completed action   c. description of a physical/mental state
3. a. habitual action   b. specific completed action   c. description of a physical/mental state
4. a. habitual action   b. specific completed action   c. description of a physical/mental state
5. a. habitual action   b. specific completed action   c. description of a physical/mental state
6. a. habitual action   b. specific completed action   c. description of a physical/mental state
7. a. habitual action   b. specific completed action   c. description of a physical/mental state
8. a. habitual action   b. specific completed action   c. description of a physical/mental state
9. a. habitual action   b. specific completed action   c. description of a physical/mental state
10. a. habitual action   b. specific completed action   c. description of a physical/mental state

2   **Choisissez**   Listen to each question and choose the most logical answer.

1. a. Il pleuvait et il faisait froid.
   b. Il a plu et il a fait froid.
2. a. J'ai joué au volley avec mes amis.
   b. Je jouais au volley avec mes amis.
3. a. Nous sommes allés au musée.
   b. Nous allions au musée.
4. a. Super! On a dansé toute la nuit.
   b. Super! On dansait toute la nuit.
5. a. Je les mettais dans ton sac.
   b. Je les ai mises dans ton sac.
6. a. Il a passé les vacances d'été en Espagne.
   b. Il passait les vacances d'été en Espagne.

3   **Complétez**   Complete each sentence you hear in the **passé composé** or the **imparfait** using the cue in your lab manual. Repeat the correct response after the speaker.

> *Modèle*
>
> *You hear:* Ma petite amie adore danser maintenant, mais quand elle était au lycée...
> *You see:* préférer chanter
> *You say:* elle préférait chanter.

1. manger un sandwich
2. jouer au football
3. sortir tous les soirs
4. prendre un taxi
5. nettoyer le garage
6. porter des jupes

Audio Activities

8A.2 The **passé composé** vs. the **imparfait** (Part 2)

1   **Complétez** Listen to each phrase and complete it using the cues in your lab manual. Repeat the correct response after the speaker.

> **Modèle**
>
> _You hear:_ Elle regardait la télé quand...
> _You see:_ son frère / sortir la poubelle
> _You say:_ Elle regardait la télé quand son frère a sorti la poubelle.

1. papa / rentrer
2. son petit ami / téléphoner
3. mes sœurs / dormir
4. la cafetière / tomber
5. vous / être dans le jardin
6. nous / vivre au Sénégal

2   **Changez** Change each sentence you hear in the present tense to the appropriate past tense. Repeat the correct response after the speaker. (_8 items_)

> **Modèle**
>
> D'habitude, je sors à huit heures du matin.
> D'habitude, je sortais à huit heures du matin.

3   **Répondez** Answer each question you hear using the cue in your lab manual. Repeat the correct response after the speaker.

> **Modèle**
>
> _You hear:_ Qu'est-ce que tu lisais quand tu avais neuf ans?
> _You see:_ des bandes dessinées
> _You say:_ Je lisais des bandes dessinées.

1. des frites
2. rendre visite à mes grands-parents
3. au centre commercial
4. aller au centre-ville
5. non, dans une grande maison
6. une robe noire

Audio Activities

Unité 8

CONTEXTES

Leçon 8B

1   **Logique ou illogique?**   Listen to these statements and indicate whether they are **logique** or **illogique**.

	Logique	Illogique
1.	○	○
2.	○	○
3.	○	○
4.	○	○
5.	○	○
6.	○	○
7.	○	○
8.	○	○

2   **Les tâches ménagères**   Martin is a good housekeeper and does everything that needs to be done in the house. Listen to each statement and decide what he did. Then, repeat the correct answer after the speaker. (*6 items*)

> **Modèle**
>
> Les vêtements étaient sales.
> Alors, il a fait la lessive.

3   **Décrivez**   Julie has invited a few friends over. When her friends are gone, she goes in the kitchen. Look at the drawing and write the answer to each question you hear.

1. _____

2. _____

3. _____

4. _____

LES SONS ET LES LETTRES

Semi-vowels

French has three semi-vowels. Semi-vowels are sounds that are produced in much the same way as vowels, but also have many properties in common with consonants. Semi-vowels are also sometimes referred to as *glides* because they glide from or into the vowel they accompany.

Lucien   chien   soif   n**ui**t

The semi-vowel that occurs in the word **bien** is very much like the *y* in the English word *yes*. It is usually spelled with an **i** or a **y** (pronounced *ee*), then glides into the following sound. This semi-vowel sound may also be spelled **ll** after an **i**.

nat**i**on   bala**y**er   b**i**en   bri**ll**ant

The semi-vowel that occurs in the word **soif** is like the *w* in the English word *was*. It usually begins with **o** or **ou**, then glides into the following vowel.

tr**o**is   fr**o**id   **oui**   **oui**stiti

The third semi-vowel sound occurs in the word **nuit**. It is spelled with the vowel **u**, as in the French word **tu**, then glides into the following sound.

l**ui**   s**ui**s   cr**ue**l   intellect**ue**l

1 Prononcez Répétez les mots suivants à voix haute.

1. oui
2. taille
3. suisse
4. fille
5. mois
6. cruel
7. minuit
8. jouer
9. cuisine
10. juillet
11. échouer
12. croissant

2 Articulez Répétez les phrases suivantes à voix haute.

1. Voici trois poissons noirs.
2. Louis et sa famille sont suisses.
3. Parfois, Grégoire fait de la cuisine chinoise.
4. Aujourd'hui, Matthieu et Damien vont travailler.
5. Françoise a besoin de faire ses devoirs d'histoire.
6. La fille de Monsieur Poirot va conduire pour la première fois.

3 Dictons Répétez les dictons à voix haute.

1. La nuit, tous les chats sont gris.
2. Vouloir, c'est pouvoir.

4 Dictée You will hear six sentences. Each will be said twice. Listen carefully and write what you hear.

1. _____
2. _____
3. _____
4. _____
5. _____
6. _____

Nom _____   Date _____

STRUCTURES

8B.1 The **passé composé** vs. the **imparfait**: Summary

1 Identifiez Listen to each statement and identify the verbs in the **imparfait** and the **passé composé**. Write them in the appropriate column.

> **Modèle**
>
> *You hear:* Quand je suis entrée dans la cuisine,
> maman faisait la vaisselle.
> *You write:* suis entrée under **passé composé** and
> faisait under **imparfait**

	Imparfait	Passé composé
Modèle	faisait	suis entrée
1.		
2.		
3.		
4.		
5.		
6.		
7.		
8.		

2 Répondez Answer the questions using cues in your lab manual. Substitute direct object pronouns for the direct object nouns when appropriate. Repeat the correct response after the speaker.

> **Modèle**
>
> *You hear:* Pourquoi as-tu passé l'aspirateur?
> *You see:* la cuisine / être sale
> *You say:* Je l'ai passé parce que la cuisine était sale.

1. avoir des invités
2. pleuvoir
3. être fatigué
4. avoir soif
5. ranger l'appartement
6. faire beau
7. pendant que Myriam / préparer le repas
8. être malade

3 Vrai ou faux? Listen as Coralie tells you about her childhood. Then read the statements in your lab book and decide whether they are **vrai** or **faux**.

	Vrai	Faux
1. Quand elle était petite, Coralie habitait à Paris avec sa famille.	O	O
2. Son père était architecte.	O	O
3. Coralie a des frères et une sœur.	O	O
4. Tous les soirs, Coralie mettait la table.	O	O
5. Sa mère sortait le chien après dîner.	O	O
6. Un jour, ses parents ont tout vendu.	O	O
7. Coralie aime beaucoup habiter près de la mer.	O	O

Audio Activities

8B.2 The verbs savoir and connaître

1 **Connaître ou savoir** You will hear some sentences with a beep in place of the verb. Decide which form of **connaître** or **savoir** should complete each sentence and circle it.

1. a. sais   b. connais
2. a. sait   b. connaît
3. a. savons   b. connaissons
4. a. connaissent   b. savent
5. a. connaissez   b. savez
6. a. connaissons   b. savons

2 **Changez** Listen to the following statements and say that you do the same activities. Repeat the correct answer after the speaker. (6 *items*)

> **Modèle**
> Alexandre sait parler chinois.
> *Moi aussi, je sais parler chinois.*

3 **Répondez** Answer each question using the cue that you hear. Repeat the correct response after the speaker. (6 *items*)

> **Modèle**
> Est-ce que tes parents connaissent tes amis? (oui)
> *Oui, mes parents connaissent mes amis.*

4 **Mon amie** Listen as Salomé describes her roommate Then read the statements in your lab manual and decide whether they are **vrai** or **faux**.

	Vrai	Faux
1. Salomé a connu Christine au bureau.	○	○
2. Christine sait parler russe.	○	○
3. Christine sait danser.	○	○
4. Salomé connaît maintenant des recettes.	○	○
5. Christine sait passer l'aspirateur.	○	○
6. Christine ne sait pas repasser.	○	○

Audio Activities